Anonymous

Seltene Drucke in Nachbildungen

Anonymous

Seltene Drucke in Nachbildungen

ISBN/EAN: 9783743694781

Hergestellt in Europa, USA, Kanada, Australien, Japan

Cover: Foto ©Thomas Meinert / pixelio.de

Weitere Bücher finden Sie auf **www.hansebooks.com**

Seltene Drucke

in

Nachbildungen.

Mit einleitendem Text

von

Karl Schorbach.

II.

Dietrich von Bern.

(Sigenot.)

Leipzig, M. Spirgatis
1894.

Dietrich von Bern.

(Sigenot)

Heidelberg 1490.

❧

Mit vollständiger Bibliographie.

Leipzig, M. Spirgatis
1894.

Einleitung.

Als zweites Stück unserer Sammlung haben wir die älteste erhaltene Ausgabe des »Sigenot« ausgewählt, welche 1490 zu Heidelberg bei Heinrich Knoblochtzer erschien. Diese Incunabel ist eine Seltenheit ersten Ranges, die **vollständig nur in einem Exemplar** vorliegt.

Die erste Kunde von unserem alten Drucke des »Dietrich von Bern« gab Albr. Geo. Walch in seinem 3. Programm von einigen alten teutschen Büchern der Bibliothek in Schleusingen (1773) S. 7—9. Auf seinen Angaben beruhen die dürftigen Beschreibungen bei Panzer (Annalen I S. 187 no. 302) und Hain (Repertorium no. 6162) sowie bei den sonstigen Bibliographen, von denen keiner das Buch selbst zu Gesicht bekam. Nähere Mittheilung findet sich dann bei v. d. Hagen und Büsching, Lit. Grundriß zur Geschichte der deutschen Poesie (1812) S. 26 f. und zwar gleich Walch ebenfalls nach dem Schleusinger Exemplar. Seitdem ist dieses aber, wie mehrfache Anfragen ergeben haben, in Verlust gerathen und seit langer Zeit nicht mehr in Schleusingen vorhanden.[1])

Vor mehreren Jahren wurde ich nun von Herrn Dr. Ad. Schmidt in Darmstadt darauf aufmerksam gemacht, daß die dortige Hofbibliothek den Sigenot von 1490 (allerdings unvollständig) besitze. Mein Bemühen, ein completes Exemplar zu erlangen, war lange vergeblich; erst im Sept. 1893 erhielt ich den Nachweis, daß sich ein solches in der Kgl. Bibliothek zu Berlin vorfinde.[2])

Da von diesem Druck eine genaue bibliographische Beschreibung nicht vorhanden ist (die bei v. d. Hagen und Büsching a. a. O. gegebene entspricht nicht mehr den heutigen Anforderungen), so lasse ich eine solche folgen.

No. I.

Bl. 1ᵃ Titel, von welchem Zeile 1 u. 2 xylographisch hergestellt sind:

Her Dietrich ‖ von Bern. ‖

Darunter in großer gotischer Type:

Auch sind man in disem buchlin ‖ den rosen krantz bo vnser lieben ‖ frawen. ‖

Bl. 1ᵇ leer. Bl. 2ᵃ Sp. 1 Ueberschrift:

¶ Von dem aller künesten weggäd ‖ Hertz Dieterich von Bern vnd von ‖ Hiltprand seynem treüen meyster. ‖ (etc.)

---

[1]) Er fehlt deshalb auch bei Herrn. Wagner, Die alten Drucke der Gymnasialbibliothek Schleusingen. 1879 f.

[2]) Die Mittheilung erhielt ich fast gleichzeitig von Herrn Prof. E. Steinmeyer in Erlangen und Bibliothekar Dr. L. Ippel in Berlin.

Der Sigenot schließt Bl. 21ᵃ Sp. 2 Z. 27—28:

Hye mit wil ichs beschließen ‖ Das lied eyn ennde hat. ‖

Darunter eingerückt:

Getruckit zů Heydelberg ‖ von Heinrico knobloch / ‖ tzern. Anno.
M. CCCC. IC ‖

Bl. 21ᵇ Sp. 1 folgt als Anhang der «Rosenkrantz von unser lieben frauwen»
in Prosa. Er beginnt:

[D] Ie voꝛ eyner ‖ tzeyt het eyn ‖ mā die gewö ‖ heit / dz er alle ‖
tage vnser lie ‖ bē frawē ma / ‖ cht ein krantz ‖ von rofen (etc.).

Dies Stück schließt Bl. 22ᵃ Sp. 2 Zeile 44:

vñ beschirmerin in allē mynen nötē ‖ Bl. 22ᵇ leer.

Klein fol. 22 Bll. ohne Blattz. und Custoden, mit den Sign. a ij — a iiij, b i — biiij,
c i — ciiij. Zweispaltig, 39—40 Zeilen auf der Spalte; auf den zwei letzten Seiten die Spalte zu
43—44 Zeilen. Textschwabacher, 30 Zeilen unburchschoff. Sages haben 140 mm Regelbreite. Vom
Titel sind die 2 ersten Zeilen in Holz geschnitten, die 3 folgenden in großer got. Type, die
Knoblochger auch sonst in Heidelberg als Auszeichnungsschrift verwendete. Die 13zeiligen
Strophen sind mittelst Durchschuß geschieden, meist beginnen sie mit C. Verse abgesetzt (aus-
genommen Str. 1, Vers 1—5) und mit Versalen beginnend. Als Interpunktion wenige Punkte,
die ohne Princip stehen. 43 Holzschnitte, der erste auf Bl. 2ᵃ (57 × 78 mm) etwas größer als die
übrigen, die durchschnittlich 60 × 46 mm messen. Es sind ganz rohe Umrißzeichnungen, wie sie
auch andre illustr. Heidelberger Werke Knoblochgers aufweisen. Vor jedem Bild eine Ueberschrift.
Bei Beginn des Textes (Bl. 2ᵃ) sind 5 Zeilen für den einzumalenden Initialen eingerückt und
der Buchstabe w klein vorgedruckt. Auf Bl. 21ᵇ zu Anfang des Anhanges steht der Holzschnitt-
Initial H aus dem Maiblumenalphabet, das Knobl. von Straßburg mitgebracht hatte (vgl.
Schorbach-Spirgatis, Heinr. Knoblochger Taf. 35). Für andere Initialen auf Bl. 21ᵇ u.
22ᵃ ist durch Einrücken Platz gelassen. Als Wasserzeichen finden sich eine 6 blättr. Blume und
p mit 2 vorspringenden Querarmen.

Vgl. Hain 6162, Panzer Annalen I S. 187 no. 302, Ebert 6120, Graeffe II S. 391,
Goedeke Iᵗ S. 250.

Einziges vollständiges Exemplar in der Kgl. Bibl. Berlin (Xf 7782), aus von der
Hagens Besitz. Auf dem Titelbl. steht von alter Hand der Kaufpreis ј ß ₰. Das Exemplar
ist rubricirt, die 4 ersten Holzschnitte colorirt.

Ein defektes Exemplar in der Hofbibl. Darmstadt (Bl. 1—3 u. 6 fehlend), angebunden
an das Heldenbuch von 1509 (Inc. III 28). Das verschwundene Schleusinger Exemplar
glaube ich in dem Berliner wieder entdeckt zu haben; v. d. Hagen hatte dasselbe benutzt und
Abschrift davon genommen (vgl. v. d. Hagen u. Büsching, Grundr. S. 26; Steinmeyer,
Altdeutsche Studien S. 65). Nach ihm hat niemand das Buch wieder in Händen gehabt;
Zupitza und Steinmeyer bedienten sich der Abschrift (Ms. Germ. Berol. 4° 772). Seine
Beschreibung (a. a. O. S. 26) paßt aber genau auf das Berliner Ex. Im Jahre 1855 (Heldenbuch
S. XXXVII) giebt v. d. Hagen an, daß er jetzt den Druck selbst besitze. Aus seinem Nachlaß
kam derselbe an die Kgl. Bibl. zu Berlin. Statt jedes weiteren Commentars verweise ich auf
die Charakterisirung v. d. Hagens durch Dziatzko, Festgruß an Karl Weinhold (Leipzig 1893).

Das Gedicht vom Riesen Sigenot muß ein gern gelesenes Volksbuch gewesen sein. Dies
beweisen uns die zahlreichen Ausgaben, welche es vom 15. bis Ende des 17. Jahrhunderts erlebt
hat, deren Zusammenstellung mit Einschluß der verschollenen ich jetzt gebe.

Ungefähr aus gleicher Zeit wie der von uns nachgebildete Druck stammen die Fragmente
einer verschollenen Augsburger Sigenot-Ausgabe, die sich durch hohen textkritischen
Werth auszeichnen.

2

No. II.

Titel (mit Sign. A):

Non dem aller höneſten weiſgaſt ‖ Herz bitterreich (!) von beren vnd
von ‖ Hiltprand feinem trewen maiſter ‖ Wie ſij wid' de riſz ſigenot
habet ‖ Ge ſtriten vnd wie der berzner (!) mit ‖ Aym wilden mann
ſtrit ee daz er ‖ An den riſen kam daz alſz ſtat mit ‖ Gein ſügeirlin (!)
gar kurczweilig zů ‖ Leſſen vnd zehözen auch zeſingen ‖   A

Man kannte bisher von dieſer Ausgabe nur die beiden Bruchſtücke, welche Karajan auf
2 einſeitig bedruckten Folio-Blättern entdeckt hatte und die er 1845 in der Zeitſchr. f. deutſches
Alterthum Bd. V, S. 245—250 veröffentlichte. Zu dieſen 2 Fragmenten füge ich jetzt ein 3tes
bisher unbekanntes, welches die Hof- und Staatsbibliothek zu München in einem zu-
gehörigen Blatt der gleichen Beſchaffenheit beſitzt.

Dieſe 3 erhaltenen Folioblätter mit den leeren Rückſeiten ſind Probabzüge für den
beabſichtigten, vielleicht auch erſchienenen Augsburger Sigenot-Druck. Jedes Folioblatt enthält
4 Seiten der geplanten Ausgabe. Das Format der letzteren war auf klein 8⁰ berechnet. Die
vollen Oktav-Seiten haben 19 oder 20 Zeilen. Der Satz iſt ſo eingerichtet, daß jede Seite
eine Strophe (zu 13 Zeilen) enthält und dazu 6 oder 7 Zeilen der vorhergehenden oder folgenden.
Zwiſchen den Strophen, an beren Spitze jedesmal ein größerer Anfangsbuchſtabe ſteht, iſt
Durchſchuß. Die Verſe ſind abgeſetzt und beginnen mit Majuskeln. Interpunktion fehlt.
Die Type iſt eine kleine charakteriſtiſche Gotiſch; 13 undurchſchoſſene Zeilen haben eine Kegel-
breite von 62 mm. Verſchiedene Anzeichen (Dialekt, Typenſchnitt etc.) deuten auf Augsburg
als Druckort. Die Preſſe, aus welcher dieſe Correkturbogen hervorgingen, iſt bisher noch nicht
ermittelt. Illuſtrationen ſollten die Ausgabe ſchmücken. 3 Holzſchnitte (durchſchn. 56 mm br.
u. 61 mm hoch) ſind auf den erhaltenen Reſten bewahrt; das neuentdeckte Blatt enthält deren
zwei. Sie ſind größer und ausgeführter als die entſprechenden (gegenſeitigen) in der Ausgabe
von 1490. Bei aller Verwandtſchaft ſind ſie aber nicht Copien. Das Papier hat als Waſſer-
zeichen einen großen Ochſenkopf, zwiſchen deſſen Hörnern breite Stange mit Querleiſte und Blume.

Blatt I enthält den Titel, welcher eine Oktavſeite einnimmt, ſodann Strophe 8, Vers 8
bis Str. 11, 7 (nach O. Schade, Sigenot 1854) und Str. 18, 8—19, 13.

Blatt II umfaßt Str. 2, 8—5, 7 und Str. 13, 8—15, 7. Hinter Str. 13 Holzſchnitt mit
der Ueberſchrift: Sie bittt in die frowd dz er beleib.

Blatt III endlich, das bisher unbekannte Bruchſtück, bietet den Text von Str. 82, 8—84, 6
u. Str. 93, 1—94, 13. Vor Str. 84 ſteht der Holzſchnitt mit der Ueberſchrift: »Hye kůmpt der
Riß mit aym ſchiler« und innerhalb der Strophe 93 nach Vers 6 Holzſchnitt mit Ueberſchrift:
Hie zertr (itt d') berner dé riſe dé ſchilt. Durch dies 3te Bruchſtück iſt der Beweis erbracht,
daß der Druck bereits bis zur Mitte des Werkes vorgeſchritten reſp. vorbereitet war.

Es ſind uns jetzt in den Reſten dieſer Ausgabe 174 Versezeilen erhalten oder anders
ausgedrückt 9 ganze Strophen (Str. 3. 4. 9. 10. 14. 19. 83. 93. 94) und Stücke von 9 Strophen
(Str. 2. 5. 8. 11. 13. 15. 18. 82. 84).

Blatt I u. II befinden ſich in der Hofbibl. Wien (aus Karajans Beſitz). Sie wurden
aus den Innendeckeln eines Holzeinbandes losgelöſt, welcher Rodericus, Spiegel des menſchlichen
Lebens, Augsburg, Petre Berger 1488 (= Hain* 13950) umſchloß. Ein zweites Exemplar
derſelben, in 8⁰ gefaltet, beſitzt die Kgl. Bibl. Berlin (Rf 7776), 1885 von Roſenthal in München
erworben.

Blatt III (mit Bl. I vereint) iſt nur in der Hof- und Staatsbibl. München erhalten (P.
O. germ. 2⁰. 40ᵂ). Von welchem Buch die Münchener Blätter abgelöſt wurden, iſt leider
nicht bekannt.

Karajan ſetzte die von ihm gefundenen beiden Bruchſtücke ganz richtig nach Augsburg
und an den Schluß des 15. Jahrh. und erwähnte dabei nur nebenher, daß die Wiener Blätter

3

den Namen des Besigers mit der Jahrzahl 1553 tragen. Der flüchtige v. d. Hagen (Heldenbuch I [1855] S. XLII) nahm diese Zahl als Entstehungsjahr des Druckes und ebenso nach ihm Goedeke, Grundr. I (1. A.) S. 70. Trotz Steinmeyers Abwehr (Altdeutsche Studien S. 65) findet sich diese verkehrte Angabe auch noch in der 2ten Auflage bei Goedeke (I S. 250). Kristeller (Die Strassburg. Bücherillustr. S. 154 no. 636) stellt unsre Fragmente unter die Strassburger Presserzeugnisse, was sicher falsch ist. Verführt wurde er dazu wohl nur durch einen ganz jungen hdl. Eintrag auf dem 2. Blatt (der Berliner Bibl.), welcher lautet: Titulus: Thesaurus novus seu sermones dominicales totius anni. Argentinae 1487.

Knoblochzers Sigenot-Druck von 1490 muss Anklang gefunden haben, denn schon 3 Jahre später veranstaltete er eine neue Auflage. Wie alle älteren Ausgaben des Sigenot gehört auch diese zu den grössten Seltenheiten. Sie blieb allen Bibliographen unbekannt.

No. III.

Bl. 1ᵃ Titel in Holz geschnitten wie in der ersten Ausgabe:

Her Diethrich ‖ von Berñ. ‖

Der Zusatz, welchen der Druck von 1490 hat, ist also weggelassen. Bl. 1ᵇ leer.
Bl. 2ᵃ Sp. 1 Ueberschrift:

Von dem aller küneſtē weygäd ‖ Herz dietherich von bern vnd von ‖
hiltezrant seynem treüwen meister ‖ Wie sy wider die Rŋßen gestritten ‖
Aůch vil grosser sachen erstanden ‖ vnd erritten haben. sagt daz büch ‖
lin daz gar kurtzweylig zů ‖ hözen vnd auch tzů singen ist. Alś ‖ hienach
begriffen ist. ‖

Dann folgt die Ueberschrift zur folgenden Illustration:

Hie sitzt d' Berner bey hiltpzät ‖

Darunter der Holzschnitt wie in der Ausgabe von 1490. Unter dem Bild beginnt das Gedicht:

(W)ölt ir herschafft hne be ‖ tagt. Groß abenteür ‖ wil ich euch sagen (etc.)

Der Text schließt Bl. 19ᵇ Sp. 2 Z. 18—20 (auf dem 16. erhaltenen Blatt):

Daruon sagten sie frü vnd spot ‖ Hiemit wil ichs beschliessen ‖ Daz
spelt eyn ende hat. ‖

Darunter:

Getrückt zů Heydelberg bö ‖ Heinrico knoblochtzern (!) An ‖ no 2c.
M.CCCCC iiij. ‖

Blatt 20 fehlt, das wohl leer war. Hätte das Blatt den Anhang der ersten Ausgabe enthalten, so wäre auch der Zusatz beim Titel aus der früheren Ausgabe übernommen worden, was aber nicht geschah.

Klein folio. Es waren urspr. 20 Blätter, letztes weiß, von denen nur 16 erhalten sind. Bl. b, b 2, b 6 und c 6 fehlen. Ohne Blattz. und Custod., mit den Sign. aiij. (aij nicht gesetzt) aiiij. (b und b 2 fehlend) b 3, C C 2 C 3. Zweispaltig, 42—44 Zeilen auf der Spalte. Zwischen den 13zeiligen Strophen meist Durchschuß und die erste Zeile größtentheils eingerückt. Verse abgesetzt (außer Str. 1, 1—6) und fast immer mit Versal beginnend. Schwabacher Type, 30 Z.— 140 mm. Die Majuskeln theilweise andere, als in der Ausgabe von 1490. Als Interpunktion stehen nur wenige Punkte. Kapitelzeichen sind vom Rubrikator hinzugefügt. Initialen nicht vorhanden; zu Anfang des Textes (Bl. 2ᵃ Sp. 1) unter dem Holzschnitt sind für den einzumalenden Buchstaben 5 Zeilen eingerückt und W vorgedruckt. Die Holzschnitte sind ganz die gleichen wie

4

in der Ausgabe von 1490 (7 davon fehlen wegen der mangelnden 3 Textblätter). Nur der Holzschnitt, welcher in der Ed. princeps auf Bl. 19ᵇ steht, ist nicht wieder abgedruckt, sondern ein ähnlicher dafür verwendet (Ausgabe von 1490 Bl. 18ᵇ). Die Ueberschriften über den Holzschnitten sind dieselben und weichen nur in Kleinigkeiten ab. Nur zweimal ist in unserer Ausgabe (Bl. a 5ᵇ u. b 5ᵇ) die Ueberschrift in Folge der Satzänderung durch 2 Verszeilen vom zugehörigen Bilde getrennt.

Wasserzeichen einmal Ochsenkopf mit Stange und Stern und mehrmals Krone auf lilienartigem Ornament.

Der Druck ist weniger sorgfältig, als in der ersten Ausgabe.

Fehlt den Bibliographen. Das einzige (defekte) Ex. angeboten im Katalog Rosenthal 59 (1888) no. 1687 und 65 (1889) no. 293 (500 Mark). In der Auktion Rosenthal vom 21. bis 25. Juli 1891 wurde das Exemplar (no. 50) für 355 Mark durch M. Spirgatis für das Germ. Museum ersteigert. Vgl. Anzeiger des Germ. Nationalmuseums 1891 (Jul.—Aug.) S. 53.

No. IV.

v. d. Hagen giebt in seiner Ausgabe des Heldenbuchs I (1855) S. XLI an, daß er in der alten Straßburger Bibliothek im Jahre 1817 einen unbekannten Druck des Sigenot gefunden habe, nämlich Straßburg auff Grineck 1505. fol. Derselbe sei dem Heldenbuch von 1509 hinten beigebunden gewesen. Den Titel giebt er so:

„Von dem allerkönstē wengant herr dietrich von bern: vnd bō Hiltebrant seinem getreuwen Meyster: wie sie wider die Riesen stritent.

Darunter der Holzschnitt aus dem großen Rosengarten des voranstehenden Heldenbuchs."
Als Subscription wird angegeben:
Gedruckt zů Straßburg auff Grineck jm. XVᶜ vnd V. jar.

Ob dieser Druck existiert hat, ist sehr fraglich. Da v. d. Hagen sagt, daß er dieselbe Ausgabe später in v. Naglers Sammlung gefunden habe, in der sich aber nachweislich nur die Sigenotausgabe Straßurg, Grineck 1510 befand, ist es mehr als wahrscheinlich, daß die Jahrzahl 1505 auf einem Versehen beruht. Vergleicht man allerdings v. d. Hagens Beschreibung (a. a. O. S. XLI) mit der Ausgabe 1510 (s. die folgende Nummer), so findet man in der Titelwiedergabe und in der Schlußstrophe manche kleine Differenz. Diese könnten jedoch auf Flüchtigkeiten v. d. Hagens beruhen. Auffälliger ist die Angabe, daß die fragliche Ausgabe von 1505 als Titelbild den Holzschnitt aus dem großen Rosengarten im Heldenbuch von 1509 enthalten haben soll. Der Sigenot-Druck von 1510 hat dagegen als Titelholzschnitt die erste Illustration des Laurin. Eine Nachprüfung ist leider nicht möglich, weil das Straßburger Ex. zu Grunde gegangen ist. Die Kataloge von Weislinger[1] und Vachon[2] führen das Werk nicht auf und auch Charles Schmidt[3] hat das Exemplar nicht gekannt.

Eine Straßburger Sigenot-Ausgabe vor 1510 hat freilich existirt, das ergiebt sich aus dem Heldenbuch von 1509 und dem Sigenotdruck von 1510. Unter dem Illustrationsmaterial des Heldenbuchs finden sich nämlich 6 Holzschnitte, die zum Text gar nicht passen, sondern zum Bildercyclus des Sigenot gehören. Dieselben 6 Holzschnitte bietet auch der Sigenot-Druck von 1510 und außerdem eine Reihe anderer aus dem gleichen Cyclus. Neben diesen enthält die Ausgabe von 1510 noch 23 alte abgebrauchte Holzschnitte, die zum Theil einer frühen Ausgabe des Eck's, zum größeren Theil aber einem älteren Sigenotdruck entstammen. Diese vorauszusetzende Sigenot-Ausgabe, die wir ohne Bedenken Barthol. Kistler zuschreiben dürfen, ist verloren.

---
[1] Catalogus librorum impressorum in bibl. Ord. Bd. Johannis Hieronymitani conservatorum Argentorat. 1749.
[2] Strasbourg, les Musées, les bibliothèques. 1882.
[3] Répertoire bibliographique Strasbourgeois IV nebst unter den Jahr 1505 und 1510.

No. V.

Titel:

UOn dem aller könſt weygant ‖ herz. dietrich von bern: vnd bö ‖ Hiltibzant ſeinem getreüwen mey-‖ſter: wie ſy wider die Eiſen ſtritent. ‖

Darunter Holzſchnitt (101 × 151 mm). Es iſt derſelbe, der im Heldenbuch von 1509 auf Bl. 188ᵇ (Hiiij) zu Beginn des Laur in ſteht, nur ohne die ſeitlichen Zierleiſten.

Bl. 1ᵇ leer. Bl. 2ᵃ Sp. 1 Ueberſchrift:

UOn dem aller köſten (!) wey-‖gant herz Dietrich bö Be-‖ren / bn bö Hiltbzant ſeine ‖ getreütwen meyſter / wie ſy wider die ‖ Eiſen ſtriten. auch bil groſſer ſach ‖ ſich vnderſtandē bn erliten haben ‖ wirt hie erklert. daß gar kürtzwei-‖lig zeleſen zehözen bn auch zeſingē ‖ iſt. Als hernach begriffen iſt. ‖

C. Hie ſitzt der Berner bey ‖ Hiltbzant ſeinē meyſter. ‖ vnd redeten mit einand' ‖ bö ſtreitberlichen ſachen. ‖

Darunter Holzſchnitt (59 × 74 mm). Dann beginnt das Gedicht:

Wölt ir herzſchafft hie betagen ‖ groß abenteür wil ich eüch ſagen ‖ (etc.)

Schließt Bl. 21ᵇ Sp. 2 3. 12—13:

hiemit will ichf beſchlieſſen ‖ das lieb ein ende hat. ‖

Darunter:

Gedzuckt zü Straßburg auff ‖ Grineck im. rbᶜ. vnd. r. jar. ‖

Bl. 22 leer.

fol. 22 Bl. (letztes weiß) ohne Blattz. u. Cuſtod. 3 Lagen zu 8, 6 u. 8 Bl. mit den Sign. Aij—Aiiij, Dj—Diiij, Ci—Ciiij. Zweiſpaltig, die Spalte zu 41—43 Zeil. Schwabacher Type, 13 3. = 62 mm. Titel in großer Gotiſch. Zwiſchen den 13zeil. Strophen Durchſchuß. Verſe abgeſetzt, jedesmal der 1. 4. 7. 9. 11. mit Verſal beginnend, um die Strophenteile kenntlich zu machen. Interpunktion mit Princip hinter Vers 3. 6. 8 u. 10 jeder Strophe. Vor den Ueberſchriften der Holzſchnitte ¶. 43 Holzſchnitte von 42 Stöcken (die Illuſte. auf Bl. Diiijᵃ iſt Ciiijᵇ Sp. 1 wiederholt). Von dieſen Holzſch. ſind 23 alt, die einer verlorenen Ausgabe entſtammen (Es ſind rohe Umrißzeichnungen (58 × 62 mm). Neu ſind 20 (19 verſchiedene), von denen 7 (Holzſch. 1. 5. 12. 15. 22. 31. 43) im Heldenbuch von 1509 vorkommen. Sie haben außer dem Titelhz. die durchſchn. Größe von 59 × 74 mm. Die 19 neuen Textbilder ſind von einer Hand. Da dieſe Holzſchnitte nicht ganz Spaltenbreite haben, ſo ſind beim Abdruck an die Stöcke ſeitlich Linien angelegt. Es fehlt gegenüber der Ausgabe von 1490 der Holzſchnitt mit der Ueberſchrift: Sie ſietzt der berner auf der heyd. Bei Beginn des Werkes (Bl. 2ᵃ) ein ſchwarzer Initial U, der auch auf dem Titel verwendet iſt. Waſſerzeichen kleines p mit geſtieltem Vierpaß und Zackenfuß.

Panzer, Deutſche Annalen, Zuf. S. 118 no. 675ᶜ nach Joh. Heinr. von Seelen's Memoria Stademiana S. 100, v. d. Hagen u. Büſching S. 29, Ebert 6120 Anm., Graeſſe II S. 391, (wo fälſchlich ſteht: 34 th. Sagen), Goedeke IⁿA. S. 452, wogegen Goedeke Grundr. I² 250 fehlend. Kriſteller, Straßb. Bücherilluſtr. S. 110 no. 248 (mit ungenauen Angaben). Charles Schmidt, Répertoire bibliogr. Strasb. IV, S. 10 no. 24.

Einziges bekanntes Ex. Berlin Kgl. Bibl. (Xf. 779ᵇ) aus von Naglers Beſitz. Wahr-ſcheinlich beſaß die alte Straßburger Bibliothek dieſen Druck, angebunden an das Heldenbuch von 1509. (S. oben S. 5.)

6

In diesem Druck haben wir wahrscheinlich das letzte typogr. Werk des Barthol. Kistler. Ch. Schmidt läßt (a. a. O. S. VI) dessen Druckerthätigkeit 1509 schließen, obwohl er den Druck u. d. Jahr 1510 aufzählt. Kristeller (S. 55) vermuthet, daß Hüpfuff dies Werk unter der alten Lokalbezeichnung „uff Grined" gedruckt habe nach Uebernahme der Kistlerschen Offizin. Ein sicherer Beweis dafür wird schwer zu erbringen sein.

In den Stürmen der Reformationszeit scheint kein Bedürfnis zu einem Neudruck des Sigenot vorgelegen zu haben. Es findet sich wenigstens keine Spur eines solchen. Immerhin könnten einige Ausgaben völlig zerlesen und für uns verloren sein, ein Verlust, den wir bei der Volkslitteratur oft zu beklagen haben.

Die nächste nachweisbare Sigenot-Ausgabe erschien erst um 1560.

No. VI.

Bl. 1ª Titel:

Von dem aller kümesten ‖ Weygant Herr Dieterich von Bern / vñ ‖ Hiltebrandt seinem getrewÿ meister / wie ‖ sie wider den Rysen Sigenot haben ‖ gestritten/wirt hierinnen erklert / ‖ das gar kürtzweilig zu lesen ‖ oder zu singen ist. ‖

Darunter Holzschnitt (65×75 mm): in einem Zimmer sitzen Hildebrand und Dietrich von Bern im Gespräch.

Bl. 1ᵇ leer. Bl. 2ª beginnt der Text:

Wölt ir Herrschafft hie betagen ‖ Groß abentheür wil ich euch sagÿ ‖ (etc.)

Schließt Bl. 63ᵇ Zeile 6—7:

Hiemit wil ich beschliessen ‖ Das Lied ein ende hat. ‖

Darunter in etwas größerer Schrift:

Gedruckt zu Nürnberg / ‖ durch Friderich ‖ Gutknecht. ‖

Bl. 64 leer.

8°. 64 Bl. (letztes weiß) ohne Blattz., mit Seitencustoden, die nur selten fehlen. Sign. A ij — H v (J ij nicht gesetzt wegen des Holzschnittes). Einspaltig, 25 Zeilen auf voller Seite. Texttype breite Schwabacher, 25 Z. — 110 mm. Titelzeile 1 und Subscription in 2 größern Schriftarten. Strophenanfänge eingerückt, mit ¶ beginnend. Zwischen den Strophen kein Zwischenraum. Die Verse sind abgesetzt und beginnen mit Versalbuchstaben. Als Interpunktion wenig Komma, am Schluß der Strophen Punkte. 42 Holzschnitte, von denen das Titelbild etwas größer ist, als die Textillustrationen, die meist 64×47 mm messen. Die Zeichnung ist von großer Rohheit. Ueber jedem Bild steht die Ueberschrift, meist mit ¶ bezeichnet.

v. d. Hagen, Heldenbuch I (1855) S. XLII, Graesse II 391, O. Schade, Ecken Ausfart 1854, S. 8, Goedeke I² 250. Einen genauen Abdruck dieser Ausgabe veranstaltete O. Schade, Sigenot 1854.

Einziges Ex. in dem berühmten Sammelband der Kirchen-Ministerial-Bibliothek zu Celle (no. 8495) als 2tes Stück.

No. VII.

Von Goedeke I² S. 250 wird eine Sigenotausgabe aufgeführt:

Straßburg, Christian Müller um 1560. 8°.

Woher diese Notiz stammt, ist nicht zu erweisen. Ich habe trotz aller Mühe weder sonst eine Erwähnung dieses Druckes gefunden noch denselben irgendwo ermitteln können. Die Entscheidung darüber, ob diese Ausgabe existiert hat oder ob ein Irrtum vorliegt, muß vorbehalten bleiben.

No. VIII.

Eine niederdeutsche Uebertragung des Sigenot (zusammen mit dem Lied vom hürnen Sigfrid und dem Laurin) erschien ohne Ort und Jahr (aber zu Hamburg ca. 1565) „Gedruckt dorch Jochim Löw". Der seltene wenig bekannte Druck verdient genauere Beschreibung. Titel:

Dre kortwilige || Historien. || Van Diderich van Beren / || Hildebrand und dem resen Sigenot. || Van dem Hörnen Sifride / || und etliken velen Draken. || Van dem köninge der Dwer-||ge / Lorin / und andern Dwer-|| gen und Resen mehr. ||

Darunter ein guter Holzschnitt (63 × 54 mm): Riese u. Ritter im Kampf miteinander. Oben rechts in der Ecke das Monogramm des Künstlers, A mit eingestelltem kleinen L (A) [ähnlich Nagler Band V no. 312, Bartsch IX S. 38].

Bl. 1ᵇ Ueberschrift:

Van dem allerschönesten Wigande / her || Diderich van Bern / und Hilde-brandt / synem getrü-||wen meister / wo se wedder den Resen Sigenot hebbē || gestreden / gantz kortwillich tholesen / || ebber thosingen. ||

Darunter beginnt das Gedicht, wie Prosa gedruckt:

Wolde gy heren hyr bedagen / groth euentür will || ick juw sagen / van starcken störmen harde / De de || Berner und Hildebrant leidt / (etc.)

Bl. 26ᵃ schließt Sigenot (Strophe 196). Darauf:

Nu volget || De Hörnen Si-||frit genant. ||

Unter diesem Titel Holzschnitt (63 × 49 mm): Kriegsmann auf Elephant. Bl. 38ᵇ oben beginnt der Laurin so:

De klene Rosengarde / ebber || koninck Lanrin (!). Lustich tho lesen || ebber tho spelen. ||

Darunter Holzschnitt aus 2 Stöcken (zus. 65 × 64 mm): Laurin u. „Deetleffs" Schwester.

Der Laurin schließt abweichend von der ersten Separatausgabe desselben (Straßburg, Hupfuff 1500), aber in Uebereinstimmung mit der undatierten bei Friedr. Gutknecht in Nürnberg erschienenen auf Bl. 77ᵇ Z. 13—17:

Van Similt der edlen königin || Und van dem klenen köninck Lorin || Also sich dith gedichte ende || Godt uns allen syne gnade her sende. ||
A M E N. ||

Darunter ist der Titelholzschnitt wiederhole. Bl. 78ᵃ folgt dann als Anhang ein Prosa-stück (aus dem Heldenbuch) mit der Ueberschrift:

Hyrna volget / wo alle Hel-||de einen ende hebben genamen / und erslagen syn wor-||den / Und Diderick van Bern vorlaren gy / || dat nemandt weth / worhenn || he kamen gy. ||

Schluß Bl. 79ᵃ Z. 20—21:

den jüngesten Dach / und warnet alle de / || de in den berg gan willen. ||

Darunter:

Gedrückt dorch Jochim Löw. | (Druckerstock: Schnörkel).

Bl. 79ᵇ u. 80 leer.

8

8°. 80 Bll. (leztes weiß) ohne Blattz., mit Seitencustoden und den Sign. Aij—Av ꝛc. bis A—Aiiij. Fehler in den Sign.: Aiiij statt Aiij, C2 statt Cij, Ciiij statt Ciij, Dij nicht gesetzt, Diiij statt Diiij, Ciiij für Cij, Giij nicht gesetzt, H2 anstatt Hj; Hiiij und Jij Jiiij nicht gesetzt. Einspaltig, 33—34 Zeilen auf der Seite. Got. Texttype, 30 Z.—106 mm. Im Titel und einigen Haupt-Ueberschriften Auszeichnungsschriften.

Interpunktion: Punkt und Komma. Sigenot u. hürnen Sigfrid wie Prosa gedruckt, Strophenanfänge aber eingerückt. Vor den Ueberschriften ☞. Im Laurin Verse abgesetzt und mit Majuskeln beginnend. An den Anfängen der 3 Haupttheile des Buches größere Anfangsbuchstaben.

4 Holzschnitte, davon der erste wiederholt. Gegen den schönen Titelholzschnitt stechen die andern sehr ab. Die Illustration von Sigfrid ist ganz unpassend gewählt, das Bild zu Laurin ungeschickt, weil der Zwergkönig Laurin viel zu groß gerathen ist.

Goedeke M. A. S. 452, Goedeke Grundr. I² 250; Graeße II 391, v. d. Hagen, Heldenbuch I (1855) S. XLIII.

Einiges Ex. in dem Mischband zu Celle (als Stück no. 5). Der Inhalt dieses kostbaren Bandes ist eingehend mitgetheilt bei O. Schade, Ecken Ausfart (1854) S. 8—27. Vorstehender Druck ist jedoch nur kurz von ihm aufgeführt, da er eine Ausgabe beabsichtigte, die aber nicht erschienen ist.

No. IX.

Die folgende Ausgabe erschien zu Nürnberg bei Val. Neuber ohne Jahr (ungefähr 1565). Sie war in v. d. Hagen's Besitz, ist aber seitdem verschollen.
Titel:

Von dem aller künesten weygant Herr Dieterich von Bern / vnd Hiltebrant seinem getrewen meister / wie sie wider den Rysen Sigenot haben gestritten / wirdt hierinnen erklert / das gar kürtzweylig zů lesen oder zů singen ist.

Darunter Holzschnitt: Hildebrand und Dietrich im Gespräch (ähnlich dem ersten Bild der Heidelberger Ausg. von 1490).
Bl. 1ᵇ leer. Anfang Bl. 2ᵃ:

☞ Wölt ir herrschafft hie betagen Groß abenthewr wil ich euch sagen (etc.)
Schluß:

Hie mit wil ichs beschliessen Das lied ein ende hat.
☞ Gedruckt zů Nürnberg durch Valentin Neuber.

8° 64 Blätter (Bogen A—H), 24—25 Zeilen auf der Seite. Mit 12 (?) ziemlich groben Holzschnitten. Vgl. v. d. Hagen u. Büsching, Grundr. S. 28 f., wo Anfang und Schlußstrophe mitgetheilt sind; v. d. Hagen, Heldenbuch I S. XXXVII. Der Druck stammte aus der Ebnerschen Bibliothek zu Nürnberg, aus der ihn von der Hagen erwarb. Das Exemplar wurde 1857 aus seinem Nachlaß für 12 th. 2 gr. versteigert (vgl. v. d. Hagens Bücherschatz S. 11 no. 278). Trotz aller erdenklichen Mühe war es mir unmöglich, den Druck wieder aufzufinden. Die bedeutenderen Bibliotheken des In- und Auslands besitzen ihn nicht, er ist also wohl in Privatbesitz gekommen.

No. X.

Einige Blätter einer unbestimmten Sigenot-Ausgabe in 8° besaß Wilhelm Grimm (in Cassel). Nach v. d. Hagen wäre dieser Druck in Format, Einrichtung und Type der Neuberschen Ausgabe (vgl. vorige Nummer) ähnlich gewesen, doch war der Satz abweichend und nur zu 24 Zeilen eingerichtet. Aus diesem Bruchstück ist Str. 181 bei v. d. Hagen u. Büsching, Grundr. S. 32 mitgeteilt. Ueber den Verbleib dieser Blätter ist nichts bekannt; die Bibliotheken zu Cassel, Göttingen und Berlin besitzen dieselben nicht. Eine Anfrage bei Prof. Herm. Grimm-Berlin ergab, daß sich dieselben bei ihm nicht vorfinden.

No. XI.

Eine verschollene Ausgabe ist die zu Straßburg 1577 bei Christian Müller erschienene:

Dieterich von Bern. Von dem aller künesten Weygandt / Dieterich von Bern / und Hiltebrand seinem getrewen Meister / wie sie wider den Risen Sigenote gestritt / und auch zu letst von dem alten Hiltebrand überwunden / gar kurtzweilig zu lesen / oder zu singen.

Darunter Holzschnitt, wie Dietrich gewappnet wird. Dann:

Getruckt zu Straßburg / Anno 1577.

Bl. 1ᵇ beginnt der Text:

WOlt ihr herrschafft hie betagen Groß abethewr wil ich euch sagē (etc.)

Schluß:

Hiemit will ichs beschliessen Daß lied ein ende hat.   E. L. D. E.

Getruckt zu Straßburg bey Christian Müller 1577.

8⁰ 7 Bogen (A—G), 28 Zeilen auf der Seite. Mit guten Holzschnitten, bei denen öfters die Ueberschriften fehlen.

Vgl. Panzer, Annalen I S. 187 no. 302, Ebert 6120, Graesse II S. 391, Goedeke I² 250, v. d. Hagen u. Büsching, Grundr. S. 29 f., wo Anfang und Schlußstrophe abgedruckt sind, v. d. Hagen, Heldenbuch I S. XLIV.

Den Druck besaß Panzer; Bibliotheca Panzer. III (1807) no. 15442. Aus dessen Bibliothek erwarb ihn v. d. Hagen. Bei Versteigerung der v. d. Hagenschen Büchersammlung (18. Mai 1857) erzielte das Buch einen Preis von 37 Th. (v. d. Hagens Bücherschatz S. 11 no. 277). Seitdem ist das Werk verschollen. Die Firma Friedländer in Berlin, welche die Auktion veranstaltete, vermag den Käufer nicht anzugeben. Meine Anfragen bei zahlreichen deutschen und ausländischen Bibliotheken waren ohne Erfolg. Das Buch wanderte vielleicht wegen seines „kunstvollen Einbandes" in eine englische Privatsammlung. Eine Abschrift durch L. Tieck wurde in der gleichen Auktion versteigert (v. d. Hagens Bücherschatz S. 11 no. 279).

No. XII

Eine fast unbekannt gebliebene Ausgabe des Sigenot, in hebräische Schrift übertragen, erschien 1597 zu Krakau bei Isaak von Prostitz.

Der Titel, in architektonischer Umrahmung stehend, lautet (vgl. nebenstehendes Facsimile) transcribiert:

ein schön lid un groß riter sch (!) ‖ schaft wert ir drinen gefinden. ‖
gar kurtz weilig zu leien¹) fer ‖ weiber un meiblich. verteischt gar ‖
bescheidlich genant mit namen her ‖ Ditreich. zu kaufen arm un reich ‖
in einem gelt rechten. afo wert ‖ enk²) got (der gepriesene³) behüten ‖
der bösen an fechten ‖

---

¹) jüdisch-deutsch zu lesen. — ²) euch. — ³) Die rot gedruckten Worte sind in hebr. Sprache, oft mit Abkürzungen (vgl. das Facsimile).

זה השער לה׳ צריקים יבאו בו

מיין שיין ליד אונ נרוש ריטר ש
שאפֿט ווערט מיר דרינן ביפֿינרן
נאר קורץ ווילינֿ צו לייען כער
וויכר אונ איירלירֿ.ור טיישט נאר
ביסיירליך נענט מיט בחאן הער
ריטרייך. צו קומן ארק אונ רייך
מין מיינק נעלט רעבכטן אונגוערט
ענק טֿא יֿה בהוטין פֿער כוין מן
סעבטן

נידרוקט פֿין דער ג׳וֿכמֿ שֿמֿשֿ

קראקא

אונטר דֿעם נֿאֿלֿטֿינֿןֿ קֿיֿיֿכֿגֿ זֿיֿגֿמֿוֿכֿדֿם ירֿיֿ
פֿכֿתֿ אֿנֿ1 לֿפֿרֿט הֿקֿטֿן

כֿיֿ יֿכֿחֿק כֿן טֿחֿ״ר
אֿ זֿרֿ יֿחֿפֿרֿוֿטֿיֿ׳ן

gedruckt in der gelobte stat ‖ Kraka ‖

unter dem gewaltigen köneg *Sigmund* (*möge seine Herrlichkeit er-*
haben sein) ‖ im Jahre 357 Klein. Rechnung (d. h. 1597).

Unten in der Einfassung steht in hebr. Sprache:

durch die Hand Isak Sohn des weisen Herrn ‖ *Ahron von Prostitz.*

Oben in der Einfassung stehen die hebr. Worte aus Psalm 118, 20:

Dies ist das Thor des Herrn, die Gerechten werden da hinein gehen.

Bl. 1ᵃ beginnt der Text des Sigenot:

WOIT ir her schaft hie betragen (!). groß abenteier will ich ‖ euch
sagen. von sterken sturmen un herte. die der berner um ‖ hilldbrant
leit. (etc.)

Schließt mit Strophe 196 auf Bl. 22ᵇ Zeile 5—6.

baß lib ein ende ‖ ☞ hot: ☜ ‖

Darunter Schlußschrift der Herausgeber:

auß genomen von *galchos*¹) un auf judesch verteischt gar schön auß
der maßen²) ‖ kurz weiliglich zu leien klein un ach grosen. darum mit
dem ‖ haufen seit geschwinden. bil leicht wert ir sie bald nimer gefinden.
den ‖ sie werden ver zukt³) werden. *durch dies Verdienst* wert unß got
(*der gepriesene*) füren inß ‖ heilige land un erben: ‖
die für bit von den *schutphim*⁴) die eß haben auß weiten landen ge-
bracht ‖ un druf bil haben ver zert mit namen ‖ *Ahron bar Abraham*
Sch(a)lita aus der heil. Stadt Botko(w)iz ‖ *Jakob bar Joseph sel.*
Andenkens aus der heil. Stadt Eisenstat.

4º 22 Bll. ohne Zählung, mit Seitencustoden und den Sign. 2ᵃ — ᴀᴀᴀ (aleph ij — waw j).
5¹/₂ Bogen. Einspaltig, 27—29 Zeilen auf der Seite. Hebr. Typen (sog. Wriberdeutsch-
Schrift). Im Titel und auf Bl. 1ᵇ 2 größere und 1 kleinere Schriftart. Die Strophen, in 6
fortl. Zeilen gesetzt, durch Absätze geschieden. Vestrennung durch Punkte, die zuweilen fehlen.
Holzschnitte und Ueberschriften sind nicht vorhanden. Druckfehler und Auslassungen begegnen
öfters.

Fehlt den Bibliographen. Auch Goedeke u. Steinschneider ist diese Ausgabe entgangen.
Beschrieben ist sie, worauf ich nachträglich durch Prof. Steinmeyer in Erlangen hingewiesen
werde, im Anzeiger f. Kunde d. deutsch. Vorzeit XV (1868) Sp. 127—131.

Einziges Exemplar in der Hof- und Staatsbibl. München (im Sammelband A. Hebr.
177 als 3tes Stück). Auf dem Titelblatt steht oben von junger Hand in hebr. Schrift Spur
verschr. (Erzählung u. Gesang).

No. XIII.

Nach v. d. Hagen u. Büsching, Grundr. S. 32 (vgl. auch v. d. Hagen, Heldenbuch I
S. XXXVII) besaß die Göttinger Bibliothek ein «Gedicht von Dietrich von Bern» Augsburg,
bei Manger ohne Jahr. 8º) die Ausgabe war aber schon 1792 abhanden gekommen. Auf
meine Anfrage bei Prof. Djanko in Göttingen erhielt ich darüber folgende gütige Auskunft.

---

¹) d. h. dem Deutschen (von hebr. galach). — ²) Gebühr. — ³) ergriffen. — ⁴) = socii.

In dem alten hſ. Katalog der Fabulae Romanenses der Göttinger Univ.-Bibliothek iſt der Druck ſo aufgeführt:

„Vonn dem allerkühnſten Weygand / Herr Dieterich von Bern vnd Hiltebrandt ſeinem getrewen Maiſter / wie die wider den Rpſen Sygenot haben geſtritten, wird hierinn erklärt, welches gar kurtzweylig zuleſen. Augsburg s. a.“

Iſt die Angabe der Offizin (Manger) bei v. d. Hagen richtig, ſo würde dieſer Druck wahrſcheinlich ans Ende des 16. Jahrh. zu ſetzen ſein.

In bibliographiſchen Werken und Litteraturgeſchichten habe ich vergeblich nach einer Notiz über dieſen verſchwundenen Sigenot-Druck geſucht. Die größeren deutſchen Bibliotheken beſitzen denſelben nicht.

No. XIV.

Eine völlig unbekannt gebliebene Sigenot-Ausgabe iſt die 1606 zu Augsburg bei Valentin Schönigk erſchienene.

Bl. 1ᵃ Titel:

Vonn dem aller || kühneſten Weygandt / Herr || Dieterich von Bern / vnnd Hilte=||brandt ſeinem getrewen Maiſter. Wie die || wider den Riſen Sigenot haben geſtritten / wiedt || hierinn erklärt, welches gar kurtzweylig zu || leſen / vnnd auch zuſingen iſt. ||

Darunter Holzſchnitt (69 × 73 mm): Hildebrand u. Dietrich im Geſpräch.

Bl. 1ᵇ beginnt der Text:

Wolt ir Herrſchafft hie betragen (!) || Groß abentheur will ich euch ſagen || (etc.).

Schließt Bl. 60ᵃ Z. 11—12:

Hiemit will ich beſchlieſſen || Das Lied ein ende hat. ||

Darunter:

⸿ Getruckt zu Augſpurg / durch || Valentin Schönigk || 1606. ||

Bl. 60ᵇ leer.

8⁰. 60 Blätter ohne Blattzählung, mit Seitencuſtoden. 7 Oktavbogen + 4 Bll. — Signat. Aij — Gv, H — Hiij. Satz zu 27 Zeilen Texttype eingerichtet. Texttype mittl. Fraktur, 25 Z. — 112 mm. Die 3 erſten Titelzeilen in 3 größeren Schriftarten, die 3 letzten Titz. in kleinerer Type. Anfangs-Zeilen der Ueberſchriften durch Auszeichnungsſchrift hervorgehoben. Die Strophen beginnen mit ⸿, ebenſo einige Ueberſchriften. Jedesmal die 1. 4. u. 7. Zeile der Strophen eingerückt. Verſe abgeſetzt, mit Verſalbuchſtaben beginnend. Spärliche Inter-punktion, am Zeilenende wenige Doppelpunkte, lange Komma oder Punkte. Bl. 1ᵇ am Anfang des Gedichts ein kleiner ſchwarzer Initial (3 Zeilen hoch).

42 Holzſchnitte, das Titelbild größer als die Text-Illuſtrationen, die 68 × 47 mm meſſen. Die Holzſchnitte ſind von einer Hand, handwerksmäſſig, aber nicht ſchlecht.

Fehlt allen Bibliographen, blieb auch v. d. Hagen und Goedeke unbekannt.

Einziges Ex. in der Kgl. Bibl. zu Berlin (Rf. 7808), 1885 aus dem 166. Katalog v. Alb. Cohn gekauft.

No. XV.

Die Sigenot-Ausgabe Leipzig 1613 (8⁰) wurde zuerſt von C. J. Koch, Compendium d. deutſch. Litt.-Geſch. II (1798) S. 236 nachgewieſen. Seine Behauptung, daß es eine Proſa-

Ausgabe sei, beruht ohne Zweifel auf einem Irrthum. (Vgl. v. d. Hagen u. Büsching, Grundr. S. 30, v. d. Hagen Heldenbuch I S. XXXVII u. XLIV). V. d. Hagen bemühte sich vergebens, den Druck aufzutreiben, er fand ihn aber in Wackenroders hsl. Collectaneen, die er selbst besaß (vgl. v. d. Hagens Bücherschatz S. 19 no. 278) verzeichnet »ganz mit dem Titel der Nürnbergischen Ausgabe«. Der Zusatz auf dem Titel: »kurzweilig zu lesen oder zu singen« zeigt, daß es der alte Text in Strophen gewesen ist, der vielleicht nur wie Prosa gedruckt war.

Gräße in seiner allg. Litterärgeschichte Bd. II, Abth. 3 (1842) S. 57 giebt nach Wackenroders Collectaneen den Titel der Ausgabe so wieder:

> „Von dem aller kühnsten Weigande / Herren Dietrich von Bern vnd
> Hiltebrande / seinem getrewen Meister / wie sie wieder den Riesen
> Siegenot haben gestritten.“

Die Ausgabe war in 8° und hatte Holzschnitte. Vgl. Ebert 6120. Graesse, Trésor II 391, Goedeke I² 250. Ein Exemplar besaß Gottsched, worauf mich Prof. Steinmeyer aufmerksam machte. (cf. Catalogus bibliothecae, quam Joh. Ch. Gottschedius . . . collegit atque reliquit. Lipsiae 1767 no. 2802, Neuer Anzeiger für Bibliogr. von Petzholdt. 1872 S. 209). Das Buch erzielte bei der Versteigerung 5 gr. 6 pf. und kam dann in Besitz des Prof. Schwabe in Leipzig. (Catalogus bibliothecae selectae . . . quam collegit . . . B. Joann. Joachim Schwabe. Lipsiae 1785. Tom. II., S. 247 no. 12861.) Wohin es bei Auktion dieser Sammlung gelangte, ist nicht zu ermitteln. Es ist seitdem verschollen. Meine Nachforschungen an beinah 100 Bibliotheken waren ohne Erfolg.

No. XVI

Die letzte alte Ausgabe des Sigenot erschien zu Nürnberg bei Michael u. Joh. Friedr. Endter 1661 als Anhang enthält sie das Lied von Hildebrand.
Bl. 1ᵃ Titel (Zeile 2. 3. 9. 11 u. 12 in Rothdruck):

Historia ||

Von dem aller-||kühnesten Weigande / Herr || Dieterich von Bern /
und Hilde-||brande seinem getreuen Meister / wie sie wi-||der den Riesen
Sigenot haben gestritten / || wird hierinnen erkläret und || beschrieben.
Welches gar lustig und kurtzweilig zu lesen || oder zu singen ist. || Mit
Röm: Käis: Maj: Freyheit nicht nachzudrucken. ||

Darunter 2 farb. Holzschnitt (46×63 mm): Hildebrand und Dietrich im Gespräch. Das Bild ist mit dem Monogramm TS (verschlungen) ᵀ bezeichnet.
Dann:

Nürnberg / in Verlegung Michael / und || Johann Friderich Endter / 1661. ||

Bl. 1ᵇ leer. Bl. 2ᵃ nach dem Kopftitel beginnt das Gedicht:

Wolt ihr Herrschafft hie betagen / || Groß Abentheur will ich
sagen / || (etc.).

Sigenot schließt Bl. 68ᵇ 3. 14—15:

Hiemit will ichs beschliessen / || Das Lied ein Ende hat. ||
[Darunter Schlußstück.]

Bl. 69ᵃ (mit Kopfleiste beginnend) folgt das Lied von Hildebrand, wie Prosa gesetzt:

Ein Lied von dem alten || Hildebrand. ||

13

Jch will zu Land auszreiten / sprach ‖ sich Meister Hildebrand / der
mir ‖ (ætt.).

Das Volkslied endet Bl. 71ᵇ 3. 5—7:

ein Fingerlein / daß ließ er in Becher ‖ sinken / der liebsten Frauen ‖
sein. ‖ E N D E. ‖
[Darunter großes Schlußstück.]

Bl. 72 leer (fehlt).

8° 72 Bll., davon letztes weiß. Ohne Blattzählung, mit Seitencustoden u. Sign. Aij—Jv.,
Satz zu 25 Zeilen eingerichtet, dazu Kopftitel in kleinerer Type. Mittlere Textfractur, 25 3.
— 116 mm. Im Titel, der zum Theil in Rothdruck, größere u. kleinere Schriften, ebenso in
den Ueberschriften. Strophen durch Spatium geschieden, die erste Zeile meist eingerückt. Die Verse
sind abgesetzt und beginnen mit Versalen. Hinter den Verszeilen lange Komma, am Strophen-
schluß Punkte. Bl. aᵃ ein 3 Zeilen hoher Jnitial, ebenso Bl. 69ᵃ bei Beginn des Hildebrand.

43 Holzschnitte (von 42 Stöcken, die Textbilder durchschn. 63×44 mm. Fast alle
tragen das Monogramm TS (verschlungen). Sie sind recht gut in der Zeichnung. V. d. Hagen
(Heldenbuch I XLV) deutet das Künstlerzeichen mit Unrecht auf Tobias Stimmer. Das Mono-
gramm ist meist schräg gestellt; es gehört vielleicht dem Formschneider an, welcher bei Nagler V
no. 312 aufgeführt ist. Der Holzschnitt no. 26 (Jiijᵇ) ist von anderer Hand und grober.

vgl. v. d. Hagen u. Büsching S. 30f., Ebert 6120, Graesse II 391, Goedeke I² 250.

Einziges Ex. in der Kgl. Bibliothek zu Berlin (Kf 7811). Dasselbe trägt auf dem
Titelbl. den Namen des früheren Besitzers: Mich. Richey 1734. Aus der Hamburg. Bibliothek
Richey (Katal. Richey II S. 802 no 173) kam es in die Sammlung Suhm zu Kopenhagen
(vgl. Bragur II, 446) und gelangte endlich wie alle erreichbaren Sigenot-Drucke in die Hände
v. d. Hagens.

Sämmtliche hier verzeichnete Drucke — die verschollenen mit einbegriffen — enthalten
die jüngere Bearbeitung des Sigenot. Sie stellen sich im ganzen zu der 2ten Hauptklasse der
Ueberlieferung, welche durch die Straßburger, Heidelberger u. Versenmeyersche Handschrift
vertreten ist, theilen aber mit der 1. Klasse (Hs. des Dresdner Heldenbuchs) eine ganze Reihe
von Lesarten. Mit Steinmeyer (Altdeutsche Studien S. 78) ist daher anzunehmen, daß »der
Anfertiger der Druckvorlage« eine Hs. der Klasse 1 zur Vergleichung herangezogen hat.

Der alte Text des Sigenot[1]) war durch den Dichter der Bearbeitung bedeutend erweitert
worden, so daß den ursprünglich 44 Strophen rund 202 Strophen in den Handschriften des
jüngeren Sigenot gegenüberstehen. Diesen hs. Text haben die alten Drucke keineswegs unge-
ändert überliefert. In ihnen ist die Anzahl der Strophen wieder auf 196 vermindert, was
theils durch Auslassung, theils durch Strophenverschmelzungen geschehen ist, wobei die jüngeren
Ausgaben stärker ändern, als die ältern. Jeder von den alten Drucken hat aber neben
gemeinsamen Aenderungen noch besondere unbedeutendere Abweichungen, orthogr. Verschieden-
heiten und Fehler. Alle unterscheidenden Merkmale zusammenzustellen müssen wir dem künftigen
Herausgeber des jüngeren Sigenot überlassen; auf einige wesentliche hat bereits Steinmeyer
(a. a. O.) hingewiesen.

Für die Geschichte des Sigenot-Textes sind die älteren Drucke (no. I—V) von nicht zu
unterschätzenden Werth, die jüngeren hingegen kommen nur an einigen verderbten Stellen in
Betracht. Die Drucke scheiden sich in 3 Gruppen:

a) Die Augsburger Druckstücke (no. II), welche sich dadurch auszeichnen, daß sie noch manche
Lesarten aus den Hsn. bewahren, welche in den späteren Drucken getilgt sind.

b) Die Heidelberger Ausgaben von 1490 u. 1493 (no. I u. III). Zu ihnen stellen sich der
Straßburger Druck von 1510 (no. V) und, wie es nach den mitgetheilten Proben scheint,

---

[1]) vgl. nach Lassberg Hs. (in der Donaueschinger Bibl.) von Lupiga, Deutsches Heldenbuch V. 1870.

die Grimm'schen Fragmente (no X) sowie die verschollene Straßburger Ausg. von 1577. (no. XI).

c) Der Nürnberger Druck von Fr. Gutknecht (no. VI), zu dessen Sippe die späteren Drucke des 16. u. 17. Jahrh. (no. VIII. IX. XII—XVI) gehören. Die niederdeutsche (Hamburger) Ausgabe ist eine wörtliche Uebersetzung der obengenannten Nürnbergischen. Eng zusammen gehören der hebr.-deutsche Druck von 1597 (no XII) und die Augsburger Ausgabe von 1606 (no. XIV), weil sie auffallende Fehler u. Aenderungen (z. B. Str. 1 betragen für betagen, plan für than) mit einander gemeinsam haben.

Diese 3 Gruppen stehen unabhängig neben einander. Daß c nicht aus b geflossen ist, sondern beide aus einer gemeinsamen Quelle, hat schon Steinmeyer (a. a. O. S. 76) nachgewiesen.

Die Textgestalt der Gruppe c wurde schon früher durch O. Schade (Sigenot 1854) bekannt gemacht, der Text von Gruppe b ist jetzt zum ersten Male durch unsre Reproduktion benutzbar geworden. Von Gruppe a, den Augsburg. Bruchstücken, waren bisher nur die beiden Karajan'schen Blätter (Ztschr. f. d. Alt. V S. 246 ff) veröffentlicht. Ich gebe daher nachstehend auch den Text des 3. Blattes unter Ergänzung der kleinen defecten Stelle des 1. Karajan'schen Blattes nach dem Text des Berliner und Münchner Exemplars.

Blatt I. [Karajan, a. a. O., Seite 248, Zeile 7—9 — Schade, Strophe 9, 11—13.]

> Vnd sölt mein lob erst vnder gaum ‖ Vnd het ich tausent leibe ‖ Sÿ müessten all dar an.

Das III. Blatt selbst lautet¹), linke Spalte unten, [Schade, Strophe 82, 8]:

> Mit a[l]len seinen knechten ‖ Dein hirz die wont mir näher beÿ ‖ Dēn dein grosses fechten ‖ Darmit so waÿchstu mir meī hozn ‖ Dÿe red die tät her dietrich ‖ Von dem Eisen so zozn ‖

[Strophe 83, 1]:

> Iu mir ist keines tiefels gnoß ‖ Da schlüg er auff den Eisen groß ‖ Schrÿet jm aber ain wunden ‖ Do sprach der vngefüege man ‖ Erst wils mir an die remen gan ‖ Wol zů den selben stünden (!) ‖ Trat er vom Berner jn den wald ‖ Da er ain schilt hät hangen ‖ Den zucht er für die hende bald ‖ Darmit kam er gegangen ‖ Der schilt was als ein stabel tor ‖ Erst rewet den vogt von Berñ ‖ Das er kam auff das gspoz ‖

Linke Spalte (nach oben):

> Dÿe kümpt der Eilß mit aÿm schilt ‖ [Holzschnitt]

[Strophe 84, 1]:

> Der schilt wz mit hozn wol beragt ‖ Als vns die abenteüre sagt ‖ Ainr hēnd dick vmb die eñde ‖ Was ez mit stachel über zogeñ ‖ Es habent dēn die büch gelogñ ‖ Den trüg er vor der hēnde ‖

Rechte Spalte (nach oben): [Strophe 93, 1]:

> Also röt er da o[b] de[m] man ‖ Her dieterich sich [w]ol besan ‖ Vnd sich nit rög[e]n wolte ‖ Her dieterich sei[n] selbs nit vergaß ‖ Dÿe red er jn die ozen laß ‖ Diß er sich [sch]lags erholte ‖

---

¹) Die eingeklammerten Buchstaben sind in dem Blatt zerstört.

15

Hie zertr[itt d'] Berner bē rise bē schilt || [Holzschnitt].

Rechte Spalte unten [Strophe 93, 7]:

Da sprang er auff der köne man || So groß in dem elende || Vnd lieff
den Risen aber an || Vnd schlůg jm von der hende || Den seinē schilt
sóst vnde brayt | Vnd zugt jn von der erden || Der degen hoch gemayt |

[Strophe 94, 1]:

Doch mocht er jn nit wol gehabē || Er warff jn über ainen grabē ||
Vnd zertrat jn zů stucken || Vnd lieff den Risen aber an || So sprach
der fürst so lobesan || Du můst dich anderß schmucken || Du kanst dich
hindern schilt nit me || So lästerlichen schmähegen || Wän die red die
du tåtest ee || Daran so můstu liegen || Ich traw wol gocz barm-
hertzikait || D[a]ß dir die welt gemaine || Mit dienst nit sey berait |

Hiermit ist nun der gedruckte Text des Sigenot, soweit erhalten, nach allen drei
Gruppen hin dem künftigen Herausgeber zugänglich gemacht.

Fast alle Sigenotdrucke (mit Ausnahme des hebräisch-deutschen und des niederdeutschen,
der nur Titelholzschnitt hat) haben Bilderschmuck erhalten, welcher den Handschriften
abgeht. Die beiden alten Heidelberger Ausgaben enthalten 43 Textillustrationen (in den
Augsb. Fragmenten sind nur 3 gerettet). Diesen Bildercyclus halten die späteren Drucke (meist
von 42 Holzstöcken) im großen und ganzen fest, doch hat jede Ausgabe ihre Besonderheiten.
So läßt, um nur ein Beispiel zu geben, der Druck von 1510 das 7. Bild (Sie sitzt der berner
auff der heyd) weg, er wiederholt ferner bei ähnlichem Sujet ein und denselben Holzschnitt
(B iiij = C iiij); an einer Stelle (Bl. 6ᵇ Sie reit Hiltbrand hynweg) steht sogar Bild und
Ueberschrift nicht in Einklang (es sind 2 Reiter!). Die Holzschnitte der verschiedenen Ausgaben
sind selbstverständlich von einander abhängig, aber nie bloße Nachschnitte. Meist sind es rohe
Arbeiten ohne Werth. Von Interesse für die Geschichte des deutschen Holzschnitts sind nur
die neuen Straßburger Formschnitte in der Ausgabe von 1510, ferner der Titelholzschnitt
der niederdeutschen Ausgabe von dem Monogrammisten AL (A̶L̶) und besonders die feinen
Schnitte des Meisters TS (T) in der Ausgabe von 1661.

Zur Reproduction selbst habe ich noch zu bemerken: Unserer Nachbildung liegt das
Darmstädter Exemplar zu Grunde, dessen fehlende Blätter nach dem Berliner Exemplar ergänzt
sind. Das Original, welches an vielen Stellen fleckig, ist im Lichtdruck getreu mit allen seinen
Mängeln wiedergegeben. Da ein Retouchiren innerhalb der Textzeilen unstatthaft ist, so er-
scheinen manche Seiten unsauber und verwischt, was also nicht der Reproduction zur Last
gelegt werden möge. Ich verweise dabei auf die Bemerkungen Wilh. Scherers (Deutsche
Drucke älterer Zeit I. II. Einleitung). Ein Verzeichniß der Druckfehler unseres Druckes zu
geben, hielt ich für unnöthig.

Der Großh. Hofbibliothek zu Darmstadt, durch deren Liberalität allein diese Publikation
möglich wurde, sage ich hierdurch den gebührenden öffentlichen Dank. Außerdem verpflichteten
mich durch Ueberlassung werthvollen Materials die Kgl. Bibl. zu Berlin, die Kirchen-Ministerial-
Bibl. zu Celle, die Hof- und Staatsbibl. zu München und das German. Nationalmuseum
zu Nürnberg.

Straßburg, Februar 1894.

Karl Schorbach.

her Dietrich von Bern

Auch find man in disem buchlin
den rosen krantz võ vnser lieben
frauwen.

Von dem aller künsten wergad
Herr Dieterich von Bern vnd von
Hiltprand seynem treuen meyster.
Wie sy wyder die Rysen gestryten
auch vil grosser sachen erstanden vn
erlytten haben. sagt das büchlein dz
gar kürtzwerlig zu lesen. vn hören.
vnd auch zu singen ist. Als hienach
begriffen ist.

Die sietzt der Berner bey Hiltprand

Dlt ir herrschafft hye be
tagen. Groß abenteüer
vil ich eu.b sagen. Von
starcken stürmen herre
Die der Berner vn Hilt
prad streyt. Vil manige stürme er vo
Byß das sy got ernerte.   streyt.
Es mocht im anders nit ergan
Er reyt allern auß Beren
Durch manigen wilden finstern tan
Das mugt ir hören geren
Groß lieb vnd leyd im do geschach.

Von eynem starcken rysen
kam er in vngemach

Do der Berner bey Hiltprand saß
Die zwen die wurden reden das
Was sy hetten erstrytten
Mit irer heldkrefftigen hand
Do sprach sich meyster Hiltprand
Ich hab so vil erlytten
Wol von dem starcken eysen greit
Vnd von seim wylden weybe.
Sy het mit naß das leben meyn
Gescheyden von dem leybe.
Sy zwang mich vnder ire beyn
Do müst ich sein belyben.
Das wendtend ir alleut.

Herr dieterich sprach ja das ist war.
Dein leben stund als vmb ein har
Do sy dich het vmbfangen.
Vnder ir üchsen sy dich zwang
Dein wer was gegen ir so krang
Es was vmb dich ergangen
Ich schlüg ir ab das haubet zwar
Von stund müst sy dich lasen.
Hildprand sprach herr das ist war.
Sy was groß one masen
Do sy noch in der erden leyt
Ich leyd nie herter drücke
Bey aller meyner zeyt.

Es ist eyn vngefüigs geschlecht
Der sich dar an gelassen möcht
Das ir nit woltend reyten.
Hyn zu dem rysen in den tann.
Ich sagt euch von dem grösten man
Der seyt von Adams zeyten.
Es warde nye keyn stercker man.
Von frawen leyb geboren.
Das geschmeyd das er traget an
Das ist eyn eytel boren
Vil gletter dan eyn spiegel glaß

a ij

keyn schwert dar auff nit hefftet.
Fürwar sag ich euch das

Do sprach vo Bern herr dieterich
Hiltpzand ich byt dich fleyssigklich
Thu mit den ryßen nennen
Hiltpzand d spzach ich thu sein nit
Was mir von euch daruß geschicht
Jr verheyssend mir denne
Das ir nit wöllend in den than.
Hyn zu dem ryßen reyten
Do spzach der fürst gar lobesam
Jch wil zu allen zeyten
Jn deynen treuen rat bestan
Do spzach Hiltpzand der alte.
Möcht ich mich dar an lan.

Du sprach der edel fürst von Bern
Hiltpzad der spzach so wil ich gern
Euch von dem ryßen sagen
Herr wissend ir noch wol den stein.
Do ir dem hil regrein allein
Seyn schwester hand erschlagen
Do wont eyn Ryß heyßt sigenot
Der ist des Greimen mage
Er ward auff unser beyder tode
Und ligt dort an der lage
Wo unser eyner für yn ryt
So müst er mit im streyten
Des ließ er wärlich nit.

Do spzach d edel fürst von Bern
Den greinman wolt ich schen gan.
Nun laß uns zu im reyten
Hiltpzand spzach zwar ich enwil
Wann ich hab hözen sagen vil
Von seynen grossen streytten
Man spzacht was helden für yn gäg
Der laß er keyn genesen
Auff vier ort ist so scharpff sein stäg
Nit scherpffer möcht sy wesen.
Und gleyßt dz man sich darin sicht

Herr kumpt ir zu dem ryßen.
Jr secht was euch beschicht.

Do sprach von Bern herr Dieterich
Hiltpzand es stund uns lästerlich.
Das wir nur törsten sehen
Des starcken ryßen degenheit
Wo man das von uns beyden seyt
So möcht man gar wol iehen
Wir liessen das durch grosse forcht
Das spzicht die welt gemeyne
Wer er noch also wol verworcht
So wil ich recht alleyne.
Zu im doch reyten in den than
Und wer er halber stählen
So wil ich yn bestan

Do sprach sich meyster Hiltpzad.
Das widerzat ich euch zuhand.
Als ich dan soll von rechte
Jch hab bey allen meynen tagen
Von keynem sterckern hözen sagen
Beyd ritter und auch knechte
Die meyden all den selben than
Wol vor dem starcken ryßen.
Do sprach der fürst so lobesam
Man hat mich offt gebryssen
Solt meyn gut lob hie under gan.
Hett ich noch tausent leybe
Sie müßten all dar an

Hiltpzand d spzach so ist mir leyt
Das ich euch von dem ryßen seyt
Das wissent auff mein treüe.
Nun laßt mich mit euch in den tan.
O edler fürst so lobesam
Es soll euch nit gereüen
Dß sich der ungefüge man.
Herr euch würde zu schwere.
Darnach so wolt ich yn bestan.
Das es meyn end were
Do sprach der fürst so hoch genant

Jch befilch deyn eren
Burg stett vnd all mein landt

Das ist mit dir gar wol bewart
Dann ich wil einig auff die fart.
Vnd solt ich darumb sterben
Er hies gar bald bringen her
Roß schylt harnisch vn sein gespeer
wann ich wil preyß erwerben.
wol an dem ryssen sigenot
Der vnser bey der sanden
Geseret seer byß in den todt
Dem wil ich mit meyn handen.
Jn kurtz mit streyten wonen bey
Vnd sole ich darumb sterben
Jch mach yn lobes frey

Die rewapnet Bilte
prand den Berner.

Do sy saßen irs herren müt
Das sich der edel fürst so güt.
Nit lenger wolt beleyben
Das er wolt reyten in den walde.
So hüb sich klagen manigfalt.
Von mannen vnd von weyben.
Vnd auch sein diener allesampt
waren in grossen leyden.
Das sich der fürst so hochgenant
Also von yn wolt scheyden.
Ach edler herr beleybend hie.
wann solt wir euch verlieren

Geschach vns leyder nye

Do sprach manigs schones weiß
Herr wolt euren iungen leyb
Gen dem ryssen verlauffen
Das duncket vns nit wolgethan
Die werden frewlin lobesam
wurden den herren straffen
Herr wölt ir eure iunge tage.
wagen an eyn waldbunde
Des wegen heer noch nye verlag
Das sag wir euch zu stunde
Vnd were er doch eyn edelman.
So liessen wir euch reyten
Dest gerner in den than.

Do sprach vō bern herr dietterich.
wol zu den freuwelin mynniglich
Ob mir got glück vergünde.
Jch wolt yn nit geniessen lan.
Ob sich der vngefüge man
Auch eyssen essen kunde
Sein kunheit die wil ich sehen
die man so hohe preyset.
was mir darumb mag beschehen
Des wird ich wol beweyset
Das sprach der fürst so hochgenant
Sy warn in grossem leyde.
Sein diener allesampt

Die bittend yn die frauwen
das er bey yn beleybe

Wie fast man im voch wyderlet
Der von dern wolt sich do nit
Mit nichte var an keren
Do das sag meyster hiltepeand.
Er brachte im der syn steblin gewäd
Vnd wapnet yn mit eren.
Er gab ym manigen ryemen struck
Wo gar mit gantzen treuen.
Auff yn so iber er manigen blyck
Geyn herr begund yn reuen
Er sprach herr got sey vir get bizt
Das ich ye meynem herren
Vom ryssen hab gesagt

Nun forcht ich euer nye so seer
Geyd das ich edler fürst vnd herr
Au euch zü meyster ward geben
So ich euch das best raten sol
O edler fürst nun thüt so wol
Ob ir kempt vmb das leben.
Laßt mit euch reyten eynen man
Der vns die mer müg sagen.
Ob euch der eyß so frayssan
Zü todt vo hub erschlagen.
Oder wie es r mb euch beyd stat
Herr volgt ir meyner lere
Villeycht es euch wol gat

Do sprach vö bern herr dieterich.
Eyn wort zü im gar züchtigklich
Vnd antwurt schon dem alten
Eyn wartzeychen wil ich dir san
Das solt du hiltprand wol verstan
Vnd gar fleyssig behalten.
kum ich nit in den acht tagen
Weder herbeym gen beren
So byn ich zü toderschlagen
Des wil ich dich gewern
Wilt seyn treu an mir behaben.
So süt mich her gen beren
Wo soll man mich begraben

So wirt dein treü an mir bekant
Do sprach sich mey ster hiltprand
O herr das soll beschehen
Nempt hyn meyn Cristenliche treü
Das ich selb gern reyt nach euch
Vnd eben wit besehen.
Wie es euch mit Ryß sigenot.
In dem wald ist ergangen
Hat er euch geschlagen zü tode
Er genieß van seyner stangen
Vnd das der teuffel in im wer
So wil ich mit ym streytten
Ich wird im leycht zü schwere

Do sprach die hertzogyn so güt
Dedler furst so hochgemüt.
Wem wöle ir mich die lassen
Das du hen vil zarten got.
So sind ir wol gesegenot
Er macht sich auff die strassen
So volgten im nach für das thor
Dreu tausent oder mere.
Hiltepräd weyst yn auff dz gespor.
Do sprach der furst vnd herre
Nun keret alle wider heym
Empfilch dir land vnd leute.
Dietmar den Brüder meyn

Sy kerten wider in die stat
yegklich seyn diener got do bat
Das er iber wider kerten
Gen Bern in seyn eygen land.
Vnd auch seyn diener allesamp:.
Die baten got den herren
Maria müter reyne magt.
Behüt vns vnsern herren
Der an der kunheit nye verzagt
Das er mit güten eren.
Bern besitz noch manigen tag
Eyn mildt vnd auch seyn güte
Nyemant verloben mag.

Es weynten vil der frawen zart.
Do sprach sich ir starcke wolffhart.
Cand solich traliten lygen.
Gecht wie gehaben sich die weyb
Was soll eyns edeln fürsten leyb
Geyn würde gantz geschwigen
Das man in aller Cristenheit
Keyn abenteür künd sagen
O edler fürst so vnuerzeye
Ir solbent nit verzagen
An disem vngefügen man
Vnd thetend irs nit geren
Ich wolt yn selber bestan

Hie nympt der Berner
vrlaub von dem volck

Der Berner sucht vnd sab yn an
Wolffhart du byst eyn küner man
In nöten aub erlesen
Ich traw got wol vnd meiner hent
Er stee myr bey in dem ellend
Vnd wöll myr genedig wesen
Das ich erschrot vb seyn geschmeyd
das der teuffel daran hienge
Wie not ich darnach gerne leyd
So ich von im empfienge
Were sach das ich yn über keme.
des schadens acht ich kleyne
Den ich do von im neme

Sy wurden an die zynnen stann
Vnd Biltebrand der vil küne man

Wer denn eyn habche raset
Doneben seynem herren reyt
Gat vil er im vom ryben seyt.
Vnd vnderweyse yn faste
Wie er dem vngefügen man
Solt aub den streychen weychen
O edlu fürst so lobesam
Ich sag eüch sicherlichen
Vnd weychr er im nit aub der stang
Ich sag eüch vogt von Bern
Eüer fechten werd nit lang

Geyn schleg die seint so grausalich
Do sprach vo Bern herr Dieterich
Nun solt du wider keren
Gen Beren in meyn eygen land
Do vm bfieng der Biltebrand.
den seynen lieben herren.
Nun mach eüch got als sigenhafft
das eüch nit misselinge
Das eüch des argen teüffels krafft
Im wald doch nit bezwinge
So schieden sich die zwen zuhandt
Vnd reyt wyder gen Beren
Der alte Biltebrand

Sy stunden an die zynnen sein
Seyn helm hieb man Bilregrein.
Der glast eyn halbe meyle
Gleych als der morgen sterne thüt
Vnd von Beren der fürst so güt.
Begund reyten mit eyle.
Vnd lett von yn der merde man.
Sein harnisch gar schon leuchte.
Von gold so was er wunnesam
Sein diener alle teüchte.
Wie das der wald wer zündet an
Er het eyns lewen müte
Der wunder küne man

Der fürst kert sich do in den wald
Die rauhen straub so manigfalt.

a iiij

Noch was seyn můt gar feste
Er reyt alleyn uß in dem thann.
Von bern der furst so lobesam
Do selber nit entwißte.
Wo er. do solt keren hyndan
Er reyt den walt hyn vmbe
Von berne der hochgelobte man.
Reyt manigen weg so krumme
Von stund do kam der helde küne
Ab eyn breyte heyde.
Wol auff eyn wießen grüne.

Hie sticht der Berner eyn hynde.

Vnd do er auff die heyde kam.
Do saß der furst so lobesam
Vor im lauffen eyn hynde.
Zuhandt sprach der edel berner.
Nun ist mir vil gesaget mee
Es sey meyn roß geschwynde.
Ich wils versůchen an dem thyer
Do mit begund er sprengen
Das selb gewyld erreycht er schyer
Seyn pferd kund er wol bengen
Dem thyer er über den hals reyt
Er fellt es mit dem schwerte
Der degen hochgemeyt

Do sprach võ bern herr Dietrich.
Auff meyne treü so freü ich mich.
Das mein roß ist geschwynde
Erst wil ich dich nit verkauffen

Seyd dir nit wag vor gelauffen.
Auff diser heyd eyn hynde
Ich wil dich lenger bey mir han
Allhie auff diser heyde.
Seyn gůt roß ließ er bey im gan
Vnd suchen do seyn weyde
Es aß bey im das grüne graß.
Der edel vogt von bern.
Zu im do nyder saß

Hie sitzt der berner auf der heyd

Do sprach võ bern herr dieterich
Auff meyne treü so richt ich mich
Ob etwan eyner keme.
Zu myr auff dise heyde her
Dem nach streytē stünd seyn beger
Was schadens ich do neme
Er müßt mich weysen in den thann
Wer ob ich yn bezwunge.
Sprach sich der furst gar lobesam
Villeycht myr wol gelünge.
O herr got fug mir eynen man.
Sey wyld vnd vngeheüre
Der mich do durr bestun

Do saß er dort über den than
Her lauffen eynen wylden man.
Der trůg auff ym gefangen
Eyn zwergen der was lobesam
Den wolt der wild verderbet han
Trůg er an seyner stangen
Das zwerglin rüfft den berner an

In seynen grossen nöten
Hilff myr byst du eyn Cristen man.
Mich wil der teüffel tödten.
Do mag myr nyemant vor gefeyn.
Sprach sich der vogt von Beren
Ich thů dir die hülffe mein.

Hie trůg der wyld man ey
nen zwerg gegen dem Berner.

Der Berner seynen hdm auff bßd
Gein schwert das nam er in die bßd
Tradt zů dem wilden bare
Der het wyder harnisch noch wat
Als es auch noch geschryben stat
Wenn das er nur mit hare.
Gantz über all bedeck et was.
so kleyn als ist eyn faden
Der fürst sprach zů dem wylden dz.
Settest du des keyn schaden
Nymtps thyer das ich gefangen han.
du müsse myr auff meyn treüe
Den zwerg genesen lan

Do antwürt im der wylde man.
Wilt dich des zwerglins nemen an.
Es mag dich wol gereüen
was fischest du in dem gewyld
das duncket mich ein groß unbyld
Sag ich dir auff meyn treüe
Er warff das zwerglin in den than
Und sediat seyne stange
Er lieff schnell an den werden man

Und saumet sich mit lange
der Berner lieff yn wider an
Von stund ward von yn beyden
Eyn herter streyt gethon.

Der fürst schlůg auf dem wildem dar
seyn schwert gieng ab über das dar
Und mocht dar auff nit hefften
der edel fürst stund noch allhie
Und der wyld saumet sich auch nye
Er schlůg auff yn mit trefften
Und traff den fursten lobesam.
Gar hart mit seyner stange.
do sprang auff der werde man
Er saumet sich nit lange
seyn schylt nam für sich der werte mã
das schwert zů beyden handen
Und lieff yn wyder an.

Hie schlůg der wyld man
den Berner nyder

Herr Dieterich der kůn vo de frů
er schlůg den wylten ungeheur
das er fiel in das felde
wie wolden wylden das verdroß
noch macht er ym seyn hauber bloß.
das was eyn wider gelte.
do sprang bald auff der wild un werd
Und zucket do seyn stange.
er schlůg den fursten zů der erd
do lag der herre nit lange

Bald sprang auff der edel Berner.
Doch kund er yn nit wunden.
Als ob er steynen wer.

Der berner sprach ich wil got klag
Wolt ich denn die werden erschlage.
Von eynem blossen manne
Der also nacket vor myr stat
Nun hat er an keyn sarwat.
Ob ich von im würd danne
Auff dißer heyd zu tod erschlagen
Wer doch eyn wenige ere,
wenn das man von myr solle sagen
Ich kund yn nye verseren
Verleüt ich hie den meynen leyb.
So soll mich billych schelten
Die mann vnd auch die weyb.

Zwar nun baß ich doch keyne sal
Er schlüg um vil der todten mal
Wo er yn mocht erlangen
Der wylde nit lange do vmb gieng
Ein grymmen ernst er do empfieng
Vnd zucket bald seyn stangen
Er schlüg yn auff seyn helme reyn
das er im ward gar tunckel
Das wylt feür auß im erschein
Liechter denn der karfunckel
Thut vns die war geschrifft sagen
das herr dieterich von beren
Nye herter ward geschlagen

Darnoch sprach der edel berner
Nun han ich wol gehöret mer
Vom ryßen sigenote.
Nun byst du vngefüg genüg
Wie vil ich heüt auff dich geschlüg.
Ich kund dich nye verschroten
sag an Byst du sigenots knecht
Oder byst du es selber
do sprach der raube zu im schlechte
Ich wer gen yn nit halber

Secht sigenot mit dir allhie
Du werest eins streyches
Im vorgestanden ye

Ich wolt sigenot mit streyt besta
Das ich gar hart von im entran
Was naß gelegen todte
Weren meyner zeßen gewesen
Vnser keyner wer do genesen.
Vor ryßen sigenote
Dü byst gen im eyn krancker mann
sag ich dir sicherliche
Do sprach der fürste lobesam.
Von Bern herr dieteriche
Bestünd er deyner zeßen wol
so weyß auff meyn treüe
Nit wie ich genesen sol

Es antwurt ym der wylde man.
Bist darumb kummen in den than.
Mit sigenot zu streyten
Ich gib dir seyn vnd meyn genüg.
Do mit er auff den herzen schlüg
do zu den selben zeyten
Der herr vil naß gefallen was
dem wylden für seyn füsse
sy trügen gen eyander haß
Ir fechten was nit süsse
Er schlüg nyder den werden man
Auff richt er sich gar bald
Der zwerg weynen begann

Do es den herzen vmbstreyb sach
Un herr dieterich es do sprach
Herz ir müßt kummer leyden
Es ist in im verheylt eyn kraut
Was im auff erd die seynen hand
keyn waffen mag verschneyden
Sage euch zu mir ir werder man
Eyn wurtz gyb ich euch zware.
keyn zauberey nit helffen kan.
Das sag ich euch fürware

Die nempt zů euch in eůren gewald
der edel vogt von Beren
Hůb sich zům zwerglin bald

¶ Er schneyd im auff die seynē bād
Gar bald der zwerg eyn wurtze sand
die het es lang behalten.
Bot sy dem fürsten lobesam
der wild gar schnel gesprungē kam
Mit schlegen manigfalten
Er schlůg den fürsten wunnesam
Das er fiel auff die erde.
Do sprang bald auff der küne man
Sich saumt nit lang der werde
Die wurtz er in die hende nam
Sein schwert zů beyden heiden
Vnd lieff den wilden an

¶ Hie schlůg der Berner dem
wilden man das haubet ab

¶ Sein schwert wolt in vorsneidē nie
yetz durch den wilden er do hyeb
Das gar vil grosser stücke
Vom wildē fielen durch seyn streich
Als ob er wer ein schwāme weich
Es was seyn vngelucke
Das er den zwerg gefangen het
Jm zů grossem vnheyle
die wurtzel im den schaden thet.
Die dem vogt ward zů teyle
Er schlůg im ab das haubet seyn.

Der rauß fiel zů der erden.
do lacht das zwerglin kleyn.

¶ Der rauhe man lag do zerstreye
Gar maniges vngefüge gebeut
die do Berr Dieteriche,
Wol von dē rauhen man do schlůg
Eyn wolff het an eym stück genůg.
das wissent sicherliche.
Der rauß lag uber all zerstreyt.
Wol auff der heyd so grüne
Das zwerglin ward gantz erfreüt
Das Berr Dieterich der küne
Den rauhen het zů tod erschlagen
Jm geschach nye grösser freüde
Bey alle seynen tagen.

¶ Das zwerglin bald lauffen began
Vnd dancket do dem werden man
Das er es het erlöset
Herr vnser waten woltausent
Ist in eynē Berg gehauset
Die hat er all erlöset
Das vnser nun ist nit vil mer
Denn on geferd bey hundert
Do sprach der edel fürst vnd Berr
Das selb mich sere wundert.
Was zerbe euch der rauhe man
Das wißt ich also gerne.
Würd es mir kunt gethan

¶ Do antwurt im dē kleyn gezwerg
Berr wir hetten eyn holen Berg.
Den wolt er Bau genommen.
Darinnen wolt er haben hauß
Das vnser keyner törst herauß
Als vmb eyn Bar bekummen
Wenn eyner für den Berg auß trat.
So kam der wilde gesprungen
Vnd begreyff yn do an der stat
Also ist im gelungen
Vnd verderbet sy in dem thā

Er hat in eynen monat
Bey hundert also than

Do sprach võ bern herr dieterich.
durch got so solt du neinen dich
Sprach er võ zu dem zwerge
O herr so heysse ich Baldung
Vnd baß võ Albrecht den vrspůg.
Ia saß vor in dem berge
Den berg hab ich von im ererbt.
Vnd alles mein geschlechte.
Darumb wolt er vns han verderbt.
Vnd het dar zu kein rechte
hat vns erlöset eüch hant.
des söllen wir eüch dancken
Edler fürst hochgenant.

Do sprach das zwerglin gemeyd
herr wolt es eüch nit wesen streyt
Ich fraget eüch also gerne.
Was landes herren ir möcht sein
Mich dunckt ir sint den hiltegrein
Seyt ir der vogt von bern
Von dem ich offt hab hören sagen
wie er so manlich streyte
So sollend ir mir nit laugnen
Nennend elich bey der zeyte
Vnd meldend eüch ir werder man
das ich dir lob vnd ere
Dest baß auß sprechen kan

Do sprach der edel fürst so rych
wol zu dem zwerglein mynnigklich.
Ich byn der vogt von bern.
Mir ist gesagt von abentewr
darzu so thu mir auch deyn stewr.
Ich hab gehöret mere
Von eynem der lyg in dem than
der heyßt Ryß sigenote.
der hat vil manigen werden man
Gethon den grymmen todte
dem wil ich streytes wonen bev

Vnd sol ich darumb sterben
Ich mach yn lobes frey

Das zwerglin ließ vn leyd gewß
Seyt ir der fürst so lobesam
So seynd mir got wilkommen
Allher un dißen wilden than
O edler fürste lobesam
habt ir eüch angenommen
das ir mit dem so starcken man
herr thun wölt eynen streyte
Ich wolt das ir werent von han
wol tausendt meyle weyte
Oder das ir wert nit allhie
hundert streyt hat er wol thon
keyner myßriet ym nye

Von bern lieber herre meyn
Land den teüffel schaffen das seyn
Vnd ziecht mit myr zu hauße.
Do wirt man eür ritterlichen pflege
Ir sollet eüch seyn gantz verwegen.
herr mich umbgybt ein grauße
wol ab dem ungefügen man
wan ich hör von im sagen
O edler fürst so lobesam
Er hab vil held erschlagen.
Ir sollent mit myr zyehen heym
Ich gyb eüch gold vnd silber
Auch manig edele gesteyn

Auch gyb ich eüch die besten wat
die keyn herr in dem lande hat
Der gyb ich eüch der volle
Reyne speyß vnd den besten weyn
Der berg müß eüer eygen seyn
Ir habt vns von dem zolle
Erlöset herr mit eüwer hande
Des sollen wir eüch dancken.
O edler fürst so lobesand
Das red ich one wancken.
Nun ziehend mit mir auß dem than

Herr dieterich sprach ich enwil.
Ich hab hiltprand gemacht ein zyl
kum ich nit in acht tagen.
Wyder gen Bern in mein land
So soll mich der ryß mit der hande
Tü todt haben erschlagen
Reyt ich dan mit dir in dein hauß.
Das mir nit wol gezeme.
Villeicht so reyt der hiltprand auß
Vnd voran ryßen keine.
So tryb er mit im seynen spot
Dein milde vnd auch dein güte
Vergelt dir der lieb got

An den ryßen solt mich weysen
Den ich also fast böß preysen.
Vnd auch vil lobs verließen
Was er der manheit an im hat
Dest lieber in meyn hande bestat
Was mir darumb soll beschehen
Du müßt mer hörn in kurtzer frist
Ist das ich yn do finde
Wie gar er nun der teüffel ist
Ich wird im nit zu linde.
Ich haß mit meyne schwert gewalt
So eyner lenger was dann ich.
Dem ich do mit vergalt

Do sprach dz edel zwerglin klein.
Seyd ir mit mir nit wöllend heim.
So wil ich euch zwar geben.
Ein stein der ist so tügenthaffe.
Der dient zu euer mannes krafft.
Mag euch fristen eüe leben
Das euch weder hunger noch durst.
Vnd strytend ir ein iare
Von Bern eyn hochgelobter fürst
Was ich euch sage ist ware.
Von Bern eyn hochgelobter man.

Hie gibt das zwerg in dem Berner eyne edeln stein

Fieng euch der ryße in sein ....
Dar inn geet maniger böser ....
Die möchten euch am leybe.
Doch keynen schaden nit geschehn.
Von Bern lieber herre mern
Nie meynt das ich do treybe.
Mit euch allhie den meynen tant
zwar neyn ich auff meyn treüe.
Den steyn hab ich gar wol erkane
Müßt mich sunst ymmer reüwen
Der stein ist edel vnd geschlacht
Ward mir auß fremdden landen
Büm sunder traut der brache

Den stein den nam er in die hand
Der edel fürst gar lobesand
Vnd behielt vñ gar schone
Vnd sagte des dem zwerglin danck
Do sprach es herr mein gab ist kranck
Got von hymmel der lone.
Das ir mich allhie hand ernert
Vors saygen teuffels bylde.
Dörst ich do haben meyn gefert
In disem wald so wylde
Ich seh wie es vmb euch wirt gan
So tat ich mein geferte.
Vorm ryßen niendert han

Do sprach von kern d kune man.
Das thyer nym vñ ich gefangē han.
Vnd kring o deinen gesellen
Weyß mich zum ryßen in den than
Des antwurt im der kleyne man.
Seydt ir mit anders wesset
Ich weyß euch auff den rechten pfat
Das ir nit durffend fragen.
Zu dem ryßen an sein wallstat
Do er ligt an der lagen
Wo ir euch hyn kert in all weg.
Der reyche Crist von hymmel.
haß euch in seyner pfleg

Hie nympt der Berner vr
laub von dem zwerglein

Herr dieterich der güre do baß.
Auff seynen falchen er do saß
Er wolt nach nit verzagen.
Er rtlaub von dem zwerglin nam
Er weyst yn auff die rechten ban
Mocht yn nit vnrecht tragen
Der edel surst so lobesam.
Fur hyn in leorrens müte
Do er den vngefigen man
Fand ligen an der büte.
Vnd do er seyner rume pflag
Eyn stang die was gantz stehlin
Do bey dem ryßen lag

Herr dieterrych kam dar gerandt
Hyn do er den grossen volland

Fand ligen an dem walde
Er hielt bey im vnd sah yn an.
Gar grawsamlich so was der man.
Herr dieterich erbeyste balde
Do er yn also schlaffend sand
Sein hüt gar weyt erglaßte.
Gar bald er seynen falchen band.
An eynes baumes aste
Der ryß den atem an sich zoch
Do bogen sich die öste
Wol in den baumen hoch.

Sein bein by lagē als zwey block
Gar rauch was im sein wapen rock
mit ryemen wol durchnete
Gar fast er im sur sein knye hieng
Der dunst im auß dem halse gung
Recht als eyn wynd so wete
Der mundt der yn begriffen gar
Zu seynen beyden wangen.
Sein augen waren feuer sar
Do er den ryßen langen.
Also schlaffend do vor im sach
Der edel vogt von Bern.
Wyder sich selber sprach.

Ach lieber got von hymelreych
wie ist der man so grawsamlich
Vnd hat doch menschen bylde
was müret mag yn han gebracht
Ich han mich also lang bedacht.
Schlüg ich yn in der wylde.
Do also schlaffend yetz zu todt.
Des het ich ymmer schande
Seyn degenheit im das verbot
Er wolt yn mit der hande.
Nit wecken vnd gab im eynen stoß
Mit eim süß auff die bruste.
Dar von erwacht der groß

Wie stoße der Berner den
Ryßen für die brust.

Ja sprach sich der ryß sigenot
Ich kenn dich bey dem lewen rot.
Vnd wilt dich doch nit nennen
Nun thu recht oder laß es farn.
Dein stoß mich seer beduͤcht
du fuͤrst den lewen vnd den arn
Gemalt an deinem schilte.
Du kanst mich nit betrugen zwar
Ich hab auff dich gebuͤret
Mee denn zwey gantze iar.

¶ Auff so sprang der vngefuͤg.
Wen ich dir disen stoß vertruͤg
Des het ich ymmer schande
Er greyff do noch dem fuͤrsten her.
Vnd wolt yn do on alle wer
Bald fahen mit der hende
Der berner schluͤg yn auff sein huͤt
das er muͤst werden munder
Mit seynem scharpffen schwert so guͤt
das nam den ryßen wunder.
Vnd das der fuͤrst so kleyne was.
des er von seynem streyche
Erbaucht nyder in das gras

¶ Der ryß stuͤnd stille vn saß in baß
Zu der dieterich sprach er das.
du bist der vogt von Berne
Du kanst dich vor mir nit verstan
du fuͤrst meins oͤhem greimen helm
Das ist myr von dir schwere
Ich kruͤ dich bey dem lebm rot.
der also weyt her glesсе.
Erschluͤgst meyn oͤhem auch zu tod
Darumb hast du das lebste
Gangen bieher zu myr gehon
Ich sag vn vogt von Bern.
Nit baß mag dirt ergan

¶ Do sprach vo Bern hern dieterich.
Eyn wapen ist dem andern gleich
Du kanst mich nit erkennen

¶ Hye wolt der ryß den
Berner gefangen haben

¶ Das ich deyn nye kund bekoͤmen
Nun hab ich von dir vernomen
Do eynen schlag so grossen
Schluͤgest mir auff mein eysen huͤt
Mit deinem scharpffen schwert so guͤt
Der zu bast mich gestossen.
Mit deynen fuͤssen fur die brust
Das ligt myr von dir schwere.
Wir woͤllen versuͤchen eyn rust
der edel vogt von Berne.
Nit mer do auff den ryßen schluͤg
do wolt er an vm suͤchen
Ob er moͤcht fynden fuͤg.

¶ Er sprach zum vngesuͤten man.
Wilt mich gen Bern reyten lan.
durch aller ryßen ere.
Seh ich dich schlaffen alle tage.
Furwar ich das gespruͤchen mag.

Jß weck dich nymmermere.
Vnd vns du meyn freund soltest seyn
Hab ich nit gewuſt furware.
du ſprichſt vu habſt gehütet meyn
Mee ben zwey gantzer iare.
Solt mich gen Bern reyten lan
Neyn ſpꝛach der vngefüge.
Nit alſo mag diß gan

Herr dieterich ſpꝛach nu ſiß ich wol.
das ich ſie mit vir fechten ſol
du wilt mich doch nit meyden
Seyd wir ſind zuſamen kommen
ich das du ben greimen genomen
Wil auch dein leyb beſchneyden.
das er vir werden müß ſynwel.
Vnd bald varnach dein ende.
dein eyſen hüt ward nye ſo hell
Er müß von meyner hende.
Noch heute werden gar tunckelſat
das thet dem ryſen zoꝛen.
Er büß ſich gar ſchnell dar.

Mit ſeyner ſtangen vye er trüg
Nach Bern dieter ich er do ſchlüg
Vil ſtarcker ſchlege ſo ſchwere
Dyr oft fielen von panmen nyder
Herr dirterich bieß faſt bynrwyder
Ir ſtreyt der was geware
Den toiſt eyn zaghaffriger man
Do nymmer wol an ſchawen
Der ſchweyß do von yn beyden tan.
Als von dem groſſen bawen
Die ſy do theren in dem than.
Das laub hoch an den öſten
Do von dem tamet bꝛann.

Herr dieterich ward vngemüt.
Er ſchlüg den ryſen auff den hüt.
Es ſchied ym nit gar ſere.
Darvnder was eyn haub faſt güt
Die was gehertet mit wurmes blüt

Der edel fürſt vnd here
Er mocht auch nit gewiſſen das.
Des ſtarcken ryſen boren
War mit das ſe es gehertet was
das thet Bern dieterich zoꝛen.
Oder wye es ward verwoꝛcht.
deß trüg er an eyn bꝛunnen
War inwen ſache er on foꝛcht

Hie ſicht der ryß vnd der Berner.

Sein ſwert ru nie verſchnide mocht
Was Bern dieterich ye geſacht.
Es kund yn nit verſchꝛoten
Er ſchlüg yn auff ſein hürniß gewät
Deß acht er mynder denn ein wand
der ryß bieß ſigenoten
Schlüg nach dem fürſten lobeſam
das er begund do ſtraucken.
Do ſpꝛach der vngefüge man.
du müſt dein ſchwert das bꝛaucken
Wilt du myr ſtreytes widerwegen
Auff ſpꝛang der vogt von Beren
Recht als ein küner degen.

Schlüg auff den ryſen ſigenot
Vnd das ſich das wilde feür rot
Spꝛang auß dem herten boren.
der ſchweyß do von yn beyden tan
do ſpꝛach der vngefüge man
das het ich wol verſchwoꝛen
das du myr eyn eynigen ſchlag
Mochteſt ſeyn vorgehanden.

Nun iſt es yetz dein iungſter tag
Er nam die ſtang zů handen
Nach dem fürſten er ſy do ſchwang
der edel vogt von Berne.
Eyn klaffter von ym ſprang.

¶ Vnd do er yn do nit entcaff
Do hört man doch ſo weyt den klaf
dye ſtang vm do entwiſchte.
Herr dieterichen wol gelang
Zwiſchen ryſen vnd der ſtag ſpedgk
Wol zů der ſelben friſt.
Von der ſtangen er yn do treyb.
wolt ym ſy nit mer laſſen
Von dem fürſten er ſich do ſcheyb
Der ryſ groſs one maſſen.
Tratt neben ſich wol in den than.
Dar auſs raufft er eyn Baume
Vnd lieff den herren an

¶ Hye raüfft der ryſe eynen
baum auſs vnd ſacht do mit

¶ Eyn Baum er in den henden trůg
Nach herr dieterich er do ſchlůg.
Vil groſser ſchlege ſo ſchwere.
Do ſprach der edel fürſt ſo gůt
Mich gedencke wol in meynem můt.
Ich der riſt entwachſſen were
Wile du mich dañ hie bezwingen.
Mit deinen groſſen Baumen.
Ob got wil ſoll dir nit gelingen

Er hund dem ryſen raumen.
Dye öſte ym vor der bend ab ſchlůg
Des acht der ryſ gar kleyne
Er fand ir dennoch genůg.

¶ Wen er im ein Baum ab gewann
So lieffer an den werden man.
Bracht zwyerende als eyn groſſen.
Do nut fügt er im vngemach
der edel vogt von bern ſprach.
Ich ſoh nye deyn genoſſen.
Nun keer helb wider zů der ſtang
durch aller ryſen ere
Du riiſt mir mit den baumen bang:
Ich forcht dye öſt ſo ſere.
Sy ſtecken mich zům helm ein
Vnd das ich nichtes geſihe
Vnd verleür meynen ſchein

¶ Do ſprach d' ſtarck ryſ vnuerzagt
Erſt haſt du myr dein kümer klage
Er můſs ſich auch noch meren.
Der ſtange wiliß mich verwegen
Vñ wildeyn mir den baumē pflegē
Do ſchlůg er auff den herren.
das er nit wiſte wo er was
Sy ſprungen in die öſte.
Herr dietrich ſeyner ſynn vergaſs
das er ſelber nit wiſte
Wye er ym ſolt geſigen an
Begunden im faſt dre öſte
Als hawen in dem than.

¶ Herr dieterich ſich wol beſañ
Er wolt im keynen baum mer lan.
Begund yn dar von iagen.
Wen er zů eynt Baum hyn drang
Herr dietrich nach im do ſprang
Vnd thet den ryſen ſchlagen.
So nut auſſerwelten ſchlegen.
Schlůg er yn zů dem bauch.
Do ſprach herr dieterich der degen.
Ich hede dir die ſtang erlaubet.

G i

Die verschmechtest du von myr do.
Ich gyb dir dis meyn treüe
Du wurst yr noch gar fro

¶ Der ryß sprach laß din drawē sein
du giltest myr den öbem meyn.
Den du myr hast erschlagen
do sprach von bern herr dieterich
Du walt paür yetz so were dich.
Vnd kund den ryßen jagers
Glydch do vor im in den thann.
Wolt ym keyn baum mer lan
Do begund der ryß so fraysam
Wyn zu der stangen gane
Die wolt er nemen in die hand
Do er eylt yn der berner.

¶ Hye schlüg der Berner
den ryßen nyder

¶ Der ryß do nit lang lag.
Zwar du giltest myr yetz den schlag
Das sprich ich sicherliche.
An meyn genad müst dich ergeben
Es geet dir yetz an das leben
Do sprach herr dieteriche.
Ich lag dir zwar ich tdu sein nie.
Ich hed sein ymmer schande
Vnd wo man gieng oder auch ryt.
So weyt in allem lande
Vnd dz man sprech in manger stat.

Das sich der vogt von bern
Durch draw ergeben hat.

¶ Sy fochten eynen langen tag.
Do beschach manger herter schlagk
Ir keyner sich nit saumpte
Herr dieterich enpfieng nit vil
Als ich euch hie bescheyden wil
Der fürst dem ryßen raumbte
das laup das an den öftern stünd
Das fieng do an zu bleychen.
Vnd vz es darnach nymmer gründ
deß ryßen horn ward weychen
Dye brünne die er an ym trug
der edel vogt von berne.
Eyn wunden gar durch schlüg

¶ Hye schlüg der Berner
den Ryßen wunde.

¶ Herr dieterich d sprach auß zorn
Merck ryß dein red ist gantz verlorn
Ich keer mich an keyn drawen
Ich wil vn disem than sterben
Oder ich wil preyß erwerben.
Den ich hab von den frauwen.
Solt ich mein hols loß verliessen
das ich lang hab behalten
Ee wolt ich tausent töd erkyessen
Ee ich wolt böslich alten
Vnd das man sprech an aller stat
das sich der vogt von Bern.
Durch dreüre ergeben hat.

¶ Sichtest du van durch frawē schö.
merck was dir datumb werd zů lön
Sye sonent vngeleyche
sehen sy dich in dem blůt baden.
Sy liessen dir den selben schaden.
do sprach Herr dietereyche
Ich ficht durch frawē vñ durch mā
vnd durch meyn selber ere
Do begund der ryß gar steyssan
den seynen schweyß aůch in en
Von der hytze die im beschůch
die Herr dieterich vor. Heren.
Von seynem mund auß brach.

¶ Do sprach der vngesůge man
soltest eyn weyl seyn in dem thurn
Du wůrdest yn verbrennen.
von seůer das auß deim munde gat
Weyß wer es in dich tragen hat.
ich kan nix anders kennen.
Wenn das der teüffel in die sey
mit allen seynen knechten
Dein Hytz die wont mit naßer Bey
dein Held dein grosses fechten
Do mit weychest dů mir mein Horn
Ire red die thet dem Berner
Von dem ryßen so zorn

¶ Jn mir ist keynes teüffels genoß
do schlůg er auff den ryßen groß.
Schriyet ym aber eyn wunden
Do sprach der vngesůge man
Erst wils mir an die eycinen gan
wol zů den selben shunden
Tradt er vom Berner in den wald
do er eynen schilt het hangen.
Den zuckt er für die Hende bald
do mit kam er gegangen
Der schylt was als eyn stadelthör
erst reůt den vogt von Betcn.
Das er kam auff das gespor

¶ Hye kůmbt der ryße
mit eynem schylt.

¶ Der schylt was mit Horn wol be
als vns die abenteüer seyt   reyt
Eyner Hend dick vmb die ende
was er mit stahel vberzogen
Es haben dann die büch gelogen
den trůg er vor der Hende
Nun wer dich edler vogt von Betn.
als ob du wöllest genesen.
Jch wil dich acht tag streytz gewetn
des solt du sicher wesen
Du zerschrotest mir nur meynē schyle
er ist noch also neüe.
Vnd ward noch nye durch zyle

¶ Herr dieterich sprach do zů d' frist
seyd das deyn schyle so gůt ist
Das hilffet mich gar kleyne
Gar für nem ich den syg an dir
Das solt du sicher glauben mir.
nun von den Helden zweyne.
Hůb sich eyn keyserlicher schal
als wir noch hören sagen
Die droschel vnd die natrigal.
begunden gesanges vertragen
Von irem vngesůgen streyt.
sy er liessen auß dem walde
Vnd forchten irer Heůt

B ij

¶ Do streyten sy on vnderlaß
Der ryß ver gieng zů gůter maß
Ober herr dietrichen.
Herr dieterich mocht mit seyne zeiche
Nit an des ryßen gürtel reychen.
Das wissent sicherlichen
Wen er wolt schlahen auff sein hůt.
So můst er doch auff springen
Herr dieterich wart vngemůt.
Er het gar keyn gedingen
Wen das er do můst ligen todt
Gar star ck vnd vngefuge.
Was der ryß sigenot.

¶ So starck dz nyemāt brůsen kan.
Er ließ hyn an den werden man.
In also grossem neyde
Do wart betrübt der hiltegreim
Vnd auch ir beyder helmes schein
Dar zů ir liecht geschmeyde
Vnd das es also weyt erball.
Die starcken schlege so schwere.
Wol über berg vnd über tall
Der edel vogt bernere.
Von de ryßen eyn schlag entpfieng
Gedacht er Owe hiltebrand
Dein bot ich über gieng

¶ Des stee ich hie in grosser not
Der ryß den schilt zů schyrme bot
Was der fürst ye geschlůge
Do kund er nit als vmb eyn har
Auff seynem schylt gesteffen zwar
was doch nit wol sein fůge.
Vnd das sein schylt so gůte war
Er mocht dar auff nit hessten
Herr dieterichs zorn wart offenbar.
Auff yn schlůg er mit krefften
Gar fest der schylt vorm ryße gieng.
Dar durch der vogt von beren
Gar manigen schlag empfieng

¶ Auff seynē liechten stabelin hůt
Das im sein rot vnd hytzig blůt.
Floß do von seynem haubet
Vnd auch auß seynen beyden oren
Der edel fürst so hoch geborn
Ward seyner krafft beraubet
Das ers nit mer erzeügen mocht
Die starcken schlege so schwere
Herr dieterich gar wol gedacht
Das ich zů Beren were
Ich kem nit ber in disen than
Ach hiltebrand lieber meyster
Ich solt dir gefolger han.

¶ Das mag mir wol zuschad komē
Ich hab kein stercken noch frummē
Ryßen nye mer gesehen
Vnd was mir ye gesagt hiltebrand.
Das geet mir yetzundt vmb die had
Ist mir nye mer beschehen
Vnnd seyd das ich erst streytē ward
Er ist der trürest degen
des ryßen manheit sich nye spart
Er begund sein fast pflegen.
Mit seyner stangen die er trůg.
den iungen vogt von Beren
Er auff die beyde schlůg

¶ Die schlůg der ryße
den Berner nyder.

¶ Vnd das er yn ließ ligen todt.
Ob im do stund ryß Sygenot

Er meynt er wer gestorben
Er trůg yn mit den süssen hyn
Vnd sprach du held dem hoßer syn.
Bat anders nit erworben.
Wenn das du myr das leben deyn.
Můße lassen bye zů pfande.
Gerochen ist der öbem meyn
Das můß nun in dem lande
Mein boßes lob gantz fursich gan
Ich sag dir vogt von Beren
Das dir was vnderthan.

¶ Nun wil ich yetz gen Beren gan
das můß mir wesen vnderthan
Des wil ich sy bezwingen.
Von Beren ist myr wol gesagt
Es seyen zelden vnuerzagt
dye Ryssen die wolffingen.
Vnd anmellung eyn degen her.
dye zwing ich mit gewalte
Wolffhart sygstab zwen degen mer
Vnd Biterpiand der alte
Můssend myr wesen vnterthan.
Vnd thůn sy es nit geren
Můß yn auch also gan

¶ Also red er do ob dem man
Herr Dieterich sich wol besann.
Vnd sich nit rüren wolte.
Herr Dieterich seyn selbs nit vergaß
die rede er in die oren laß
Biß er sich schlags erholte
do sprange auff der küne man.
So groß in dem ellende
vnd lieff den ryßen aber an.
Vnd schlůg im von der lende
den seynen schilt sehr vnd auch brait
Vnd zuckt yn von der erdn
der degen hochgemeyt.

Hye zertritt der Berner
dem Ryßen den schylt

Noch mocht er yn nit wol gehawt.
Er warff yn über eynen graben
Vnd zertrat yn zů stücken.
Vnd lieff an ryßen aber an
Do sprach der fürst so lobesam.
du můßt dich anders schmucken
Du läßt dich bynndern schyld nit me
So lesterlichen schmyegen
Wann dye red dye du redest ee
Dar an so můßt du liegen
Ich trau wol gots barmherzigkeit
Das dir die welt gemeyne
mit dienst nit sey bereit

¶ Vnd darzů die starcken wölffing
darüber hast du dein geding
Du woltest sy verderben
Sy můßten dir sein vnderthan
der boffart wil ich dich erlan.
Ich find wol neher erben
Du bist im warlich vngeleych
das dir das land von Beren
Soll dienen also gewaltigklich
Ich wil dich baß bewaren.
Wann ich find neber erben wol
der teüffel dein rechter herre
Dich dar vor behüten soll

¶ Der ryß do sprach vn was beraubt
hast aber auffgericht dein haubt
Ich meyne es wer dein ende
Ich weyß wer dich vor myr ernert

Ich baß dir manigen ſchlag ſo hert
Gethon mit meyner hende
Vnd ſolt das recht hie für ſich gan
dir were der todt gar nahent
Du haſt myr gar böß red gethan
die myr von dir verſchmahent.
Das ich ſo gar dein ſpot hie byn
Ich gib dir des meyn treü
du furſt mirs nymmer hyn.

¶ Darzu haſt mir vil ſchult zertrett
darumb hab ich dich nit gebetten
Das glaub du meyne worten
darumb wil ich dir geben büß
Eyn waffen ich dir bieten müß
So gar mit ſcharpffen orten.
ſy hawten zuſamen on zal
Die ſtoltzen vegen ſchnelle
Vnd das es in dem wald erhal.
Ir liecht geſchmeyde ſo helle
Do hetten ſy keyn vnderhab.
dem edlen vogt von Beren
Der ſtein vil treffte gab.

¶ Den im bet geben das zwerglein
Es müſte ſeyn end geweſen ſeyn.
Alls von den groſſen ſchlegen
Die im der ſtarcke ryſe thet
Vil krafft er von dem ſteyne hebe
Die zwen gar küne degen.
Theten eynander manigen ſchlagk
Wo ſie eynander hertate.
Sy fochten byß an fünfften tag.
Das ſy anders nit theten
denn das ſy eynander vmbtruben
Je reglicher wer geren.
Wol bey dem ſyg belyben

¶ Der ryß herr Dieterichen nam
der furſt im vnder die üchſen kam
Doch wolt er nit verſchlaffen
er ſchnet im durch ſein hürnin gewät

Dz blut das rann im in die hant
der ryß ſchrey laut waffen
Nun iſt myr das nye me beſchehen.
ſeyd das ich erſt wart ſtreyten
Ich hab deins glychen nye geſehen
Der krafft zu alten zeyten
wie ſy bey dir verwandelt ſey
Du ſchlechſt auff mich ſo ſchwynde
Als ob dein weren drey

hye kam der Berner dem
Ryſen vnder die üchßen

¶ Darzu ſo kanſt du manigen liſt
das ich dich mag zu keyner friſt
Mit ſchlegen nit erreychen
do ſprach võ Bern herr dieterich.
Auff meyn treü es verdrüſſet mich.
Vnd ſolteſt du mich leychen.
Ich ſtee vor aller welte frey.
du ſuchſt auch nyemant mere.
Vnd das auch niemant bey mir ſey
denn die keuſch maget here
Von hymmel vnd ir liebes kynd
die mügen myr wol helffen
Wann ſye die beſten ſeynd

¶ Der ryß der lieff yn aber an
Vnd ſchlug dem fürſten lobeſam.
Sein ſchwert auß ſeyner hende.
Das es fiel nyder auff den plan.
Er wolt darnach gegryffen han
Von Beren der ellende

Hůb sich do schnelligklichen dar
byn gegen seynem schwertte.
Vnd des nam er gar eben war
der edel degen werde
Wolt es han wyder genōmen
do was sich der starck ryße
Vor im var bekommen.

Gen dē schwert sy beyde greyffen
nach dē schwert hůb sich ein schuffe.
Do kamen sy zu rungen
der edel furst den ryßen groß.
Fast mit den armen zu ym schloß
Begund yn zu im zwingen.
In all sein wunden er um fiel
Vnd zerrt ims auff gar weyte
Das im das rote blůt her fiel.
Von seynen beyden seyten
Vnd vmbran fast alle seyn gewād.
Sie fielen mit eynander
Gar offt auff erdes lände.

Sy lybten leyb vnd vngemach.
der ryß herr dieterichen brach.
Die bend auß seynen wunden.
Vnd das er yn do můste lun.
des frewet sich der grosse man
Wann zu den selben stunden
der ryß herr dieterichen zwangk
Auff die erd er yn trucket
Er nam zwen ryemen feß vnd lāg.
bendt vnd füß er im zucket
Band im alle fiere zůsamen,
O wee sprach der von bern
Des můß ich mich doch schamen

Das du mir alle fiere wilt.
Zůsamen bynden als eym gewyld,
das erbůnd die weysen ieger
Lieber wer ich gar erschlagen
dörfft man mich dest mynder klage
Vnd wer myr auch vil weger.

Wenn das ich also sterben soll
Recht als eyn arme frawe
Ach lieber ryß nun thů so wol.
Vnd nym meyn schwert vn barwe.
Allhie do mit meyn baubet abe.
das ich dester erlicher.
Meyn todt genommen habe.

Hye byndet der ryß dem
Berner alle fiere zůsamen

Meyn sprach sich der ryß si genot.
Ich wil dir thůn eyn andern tode
Ich wil dich meynen würmen
Gleych bringen beym zu eynem teyl
Seyd mir geschehen ist das beyl
das ich vor deynen stürmen
byn genesen allhie allein.
Des frew ich mich gar sere
Ich wil dich legen in eyn steyn.
Gesichst beren nie mer
Auch weder sunnen noch den mon
Ich sag dir vogt von Beren
Nit baß mag dirs ergan

Do sprach vō bern herr dieterich.
Auff meyne treü so relter mich
Tet ich dir ye keyn seyde
Das wisse du vil werder man.
Deyn ôhem wolt mich nit erlan
Mit wolten ich dich bescheyde.
Sein werfs als vngefüge was
Sy dauchk hiltprand besunder

Vnd das der selb vor ir genaß
das nymbt mich ymmer wunder.
Vnder eyn uchßen sy yn zwangk
Sy vnuckt yn also hartte
das im das blüt auß drang

Der ryß sprach darfst myt nit sagen
Ich sieß dich selber an tragen
Seyn geschmeyd an deynem leybe.
Vnd das betrübet myt den synn
dein hoffart ist nun gar do hyn
Bist du ye gewesen gescheyde.
das hast du nun verloren sie.
müst du myt selb verießen.
Ist dir an starcken stürmen wye
keyn abenteür geschehen
das ist zu mal nun also do hyn
Ich sag dir vogt von Bern
das ich der mane byn.

¶ Hye trug d' ryß den Berner heym

¶ Der wol mit fürsten fechten kan.
Vn der eyn uchßen er yn getran.
Wol auff ein halbe raste
Trüg er yn vndern uchßen sein
Herr dieterich leyd gar grosse peyn
Er vnckt in also faste
das sich der fürst so lobesam
des lebens het verwegen.
das im das rote blüt auß ran

Er leyd vil hertter drücke
Byß in des ryßen hauß

¶ Dem ryßen also note was
das er herr dieterichs roß vergaß
Gieng graßen in dem walde
do er yn bracht zu steynes wand
Er zoh im ab sein süßem gewand
Vnd thets behalten balde
Er trüg es in die kamer seyn.
Schylt schwert henckt er an stangk.
darzu stelt er den helegrein
der ryß der kam gegangen
do er herr dieterichen sand.
Er löst im auff gar balde
die seynen güten band

¶ Vnd legt yn in ein steyn was tieff
do manig wylder würm yn lieff
dye tags liecht nit gesaßen.
Vnd do er an den boden kam
das gewürm das floch allsampt
Vnd dorst im nit genaßen.
dz gewürm sich allesampt verbarg.
Fern urbes steynes wende
Von dem edlen steyn so starck
Floßen all an eyn ende.
Alls von des edlen steynes krafft
Den im do gab das zwerglein
Wol durch sein ritterschafft
    Hye legt der ryße den
    Berner in den thürn

Der eyß zoß ab sein stürm gewßd
die seynen wunden er verband
Er was verschroten übel.
Er gieng neben sich in den berg
do nam er myeß und auch dz werck
Und macht dar auß drey schübel
Do yeglichs wolbesunder was.
wol gegen eynem pfunde.
Der eyß do seyne wunt en maß
die waren zu der stunde
yeglicher wol zwu spannen weyd
die im der vogt von beren
Geschlagen het im streyt.

Do sprach sich der ryß sigenot
Ach wie nahent was mir der tode
Von dem berner beschießen
Solt ichs ein leng mit im han trib
Fürwar ich müst sein todt belyben
das müß ich im verießen
Das er der teüresten eyner sey.
So ä ye tauff empfienge.
Ich stee vor aller welte frey
wenn er yetz het auß gienge
Darüb neme ich nit tausent marck.
wan ich müst von ym sterben.
Seyn manheit die ist starck

Hie lieff der ryße zu dem
Berner über den thürn.

Der ryß über den thüren lieff
Zu der dieterich er do rüfft.

Wo bist du vogt von beren
Und wie gefelt dir mein gemach
Hett die teutsch von beren sprach
So wer ich dar auß geren
Nun mag es leyder nit gesein
Sprach sich der küne vegen.
Ich baß mich auff die treüe mein
des lebens gar verwegen
Das gewürm thüt mir also not
Ich kan es nit lang treyben.
Ich müß bald lygen todt.

Das red er alles umb den lyst
Und het der ryße das gewyßt
das im keyn wilder wurem
Anders leben nit het gethan
In het der ungefüge man
Genommen auß dem thüren
Und het im thon eyn andern tode
Sunst ließ er yn betragen
Er kund dem ryßen sigenot
Von großen nöten sagen
der er doch kein nye gewann
Er forcht im eber der ryße
Eynen andern todt an.

Der ryß byn aber zu im tufft
Do nyder in des steynes tieff.
Nun wil ich byn gen Beren
Gleych yetz auff dißer satte gan.
Das müß mir wesen underthan
Des wil ich dich geweren
Ach neyn du held das thü du nit
Ker wyder byn zu walde.
Gleych dort byn do ich mit dir stryt
Dir kumpt Biterpeand gar balde.
Warlich er sücht dich selber beym
Der reysche got von bynimel
Der helff doch onser eym

Des was der ryß unmaßen fro
Gar bald verwapnet er sich do
Und kart do byn gen wilde.

hynder eyn büßel er sich leyt.
Do er mit herr dieterichen streyt
Do kam hiltprand gar balde
er kam also dar geryten
Als auff die beyd so grüne.
Do so manlich was gestrytten
Von den zwey degen küne
Do waren solich schleg geschlagen
Das man sy in den büchern.
nit schreyben kan noch sagen.

¶ Nun laß wir herr dieterich ligen.
zu bern ward seyn nye geschwygen.
Die seynen alle sande
die klagten seer des fürsten leyb.
Do sprach manig schones weyb
zu meyster hilteprande.
Vnser herr der ist leyder todt.
er wer seyd wyder kommen.
Es hat im der ryß ergenot.
den seynen leyb genommen
Das er so lang ist übers zyl
des grossen ryßen stercke
Ist im worden zu vil.

¶ Hilteprand sprach ia das ist war
mein herr ist lang aussen zwar.
Das er nit kumbt zu lande
Ich hab ims alles vor geseyt
Do ich mit im zum walde reyt.
Er möcht dem grossen vollande.
streytes nit wol wider wegen
Der edel ritter mere
vor sein ungefügen schlegen
Dich ich yn flyhen sette.
des wer im alls gewesen not.
Ich forcht er sey vorm ryßen.
Im wald gelegen todt

¶ Also sprach meyster hilteprand
Nun wir werlichen alle seyn laid
Sein nymmermer ergertzt

Hab wir verlorn den fürsten her
So wirt doch Beren nymmermer.
Mit herrn so wolbesetzt
Stünd es byß an den iungsten tag
Das red ich sicherliche.
Mit warheit ich das sprechen mag.
Man findt nit sein geleyche.
Er was der manheit wol eyn kern.
Ach reycher crist von hymmel
Wie soll wir sein entpern.

¶ Sy hetten leyd vnd vngemach
Sigstab der iunge also sprach
Das ich ye ward geboren.
Hab wir verlorn den fürsten herr
Das klagt der küne degen sere
Wann wir im alle waren
So gar auß der maßen lieb
Er zoch vns wol nach eren
Vnd bat vns van des waldes ryß.
Erschlagen vnsern herren
Warlich so ist es vns müglich
Wir wagen leyb vnd leben
All durch den fürsten reych

¶ Do sprach sich d starck wolfhart.
Ist van der fürst auff disser fart.
Etlich zu tode erschlagen
Alls von dem ungefügen man
soll wir den fürsten lobesam
Dester mynder beklagen
Wir müssen sterben allesampe.
Er sey arm oder reyche.
Hab lieber von eins helden hand
Denn ich ellendigklyche.
Do leg vnd sturb auff eynem stro
Würd ich etlich erschlagen
Des were meyn hertz gar fro.

¶ Also red sich d r kün weygand
Stünd mirs meyn d r m hilteprand
so wolt ich den von Beren.

Zům aller erſten reyten nåch.
Wañ auff die fart ſo weet myt gach
Das ſprach der küne berner
Seh ich den vngeſügen man
Dort halten in der wylde
Von myr ſo würd er gryffen an
Deß ſtarcken teüffels bylde.
Ich wolt yn machen ſtreytes ſat
Das man müßt vnſer eynen
Tragen ab dem wallſtat

¶ Meyn ſprach meyſter hilprand
Ich gelobt meym herren bey d̓ hant
Zů erſt wolt ich yn rechen.
Wolt nach ym reyten in den wald.
Wolffhart du ſchneller degen balde
Ich wil an ym nit brechen
Eyn warzeychen wil ich dir lan
Kum ich nit in zwölff tagen.
Das ſolt du degen wol verſtan
Byn ich zů tod erſchlagen
Vnd haß verlorn das leben meyn
So laß die ven ſo note.
Hyn an den ryſen ſeyn

¶ Hilprand d̓ verwapent ſich aleich
Do ſprach die herzogin ſo reych
Ach mir vnd edler herre.
Můß ich dañ euch verlorn han.
Als von dem vngeſügē man.
So iſt mir freüd ſerre
Ich weyß wol das ich ſterben müß.
Vor groſſem herzen leyd
Wañ ich gedenck an eüren grůß.
Vnd das ich von eüch ſcheyde.
Geſchach meym herzen nye ſo we
Ich forcht kumpt ir an ryſen.
Ich geſech eüch nymmermer.

Hye redet der ſtarcke Wolff
hart mit der herzogin

¶ Do ſprach ſich d̓ ſtarck wolffhart.
Vil edle herzogin ſo zart.
Wie clagt ir vmb eyn alten.
Nemend fraw eynen iungen man.
der eüch allzeyt getröſten kan.
Vnd laſſent ſeyn got walten
Kumpt er herwider das iſt gůt
Ir ſolt yn ſchon enpfahen
Sagend myr herzogyn ſo gůt
Wie mag eüch freüde nahen.
Das ſich eyn alter bey eüch leyt
Fraw nemend eynen iungen.
Er eüch vil freüden geyt

¶ Do ſprach die herzogyn zůhand
Wolffhart du treybeſt deinen tantt
Vnd döreffteſt ſeyn zů nichte.
Wañ es iſt myr vm keynē ſchimpff
du haſt ſeyn gegē myr kern glimpff
wañ ſich wil von myr richten.
der allerliebſte herre meyn.
Ich wer als leycht begraben
Alſo ſprach ſich die herzogin
Ich hab mit ym gebaden
Alſo mangen lieben tag
Ach das vor groſſem leyde.
Mein herz nit brechen mag

¶ do ſprach ſich d̓ ſtarck wolffhart.
Vil edle herzogin ſo zart.
Nun tat ich eüch doch rechte.
Vnd wöllend ir nit folgen my-.

Den feygen schaden tragend tz
Beyd ritter vnd auch knechte
dye erlachten do allesampt.
Wie wolff leydig waren
do sprach sich meyster Hiltprand
Fraw ir müßt anders baren
Vnd weren meiner tag nit mer
das ich solt yetzund sterben
So wer mit doch nit wee

Sy weyneid sy ym vñ behm auff bat.
Gehabt euch wol sprach Hiltprand
darumb wil ich euch bitten
Nun ist es doch das erste nit.
wañ es ist auch meyn alter syt
Ich byn dick auß geryten.
das ich kam wider gesundt zu lande
Schild mit ob ich was wunde
Also sprach meyster Hiltprand.
Sprach er do zu der stünde
Ich hab gethon mein tag so vil.
Zart fraw durch euren willen.
Ich geren streyten wil.

Vñ do wolffhart den kuß erfach.
Er zu der hertzogin do sprach.
Nun ist der reyß verloren
wenn das mein öhem hochgemüt
Gedencker an den kuß so güt.
als von der außerkoren
So ist es vmb den grossen man.
warlichen gar ergangen.
dañ wer von frawen wunnesam.
Lieblichen wirt vmbfangen
So gewint er wol eins lewen müt
Vnd ist wol in den nöten.
Für ander zehen güt

Die hertzogin sprach in vnmüt
Seyd dich dunckt der kuß also güt
So soltu auch nemen eyne.
die dir eyn solchen kuß auch diet

Seyd es dich also übel müt.
Er sprach es wil mich keyne
Ich byn so wol geraten nit.
das sich kein an mich kere
Wenn ich ir eyne darumb bitt
das sprach der degen here
so kert sye myt das hynder teyl
so mag ich nit vil bitten
Vnd laß es an eyn zeyl.

Do erlachten sy allesampt
do hieß der alte Hilteprand.
sein gutes roß her zyehen
dar auff er ritterlichen saß
Groß es zu seiner brüßte was
Vnd bynden dick sein dyehen
was als eyn apffel gar synwel
Gestalt auff alle ende
Es was mit seynen füssen schnell
Man fürt ims zu der hende
Vnd seyne schylt vnd auch das sper
Er gnadet dem gesynde
Inn wald stünd seyn begeer

Hye reyt Hiltprand hynweg

Sy sahen ym gar fast nach.
Vnd durch deß edlen berners rach
kam do in not der alte'
dye frawen im gar fast nach sahen
do er begund zum wald gahen
die streych gar manigfalte.
Er kam so kürtzlich dar geryten.

Auff die seytten so grüne.
Do vor so manich was gestritten
Von dar zweyen degen küne.
Sy hetten solich schlege geschlagen.
Das man sy on die bücher
Nyemantz wol kan gesagen.

¶ Do saß hiltprand fast vmb sich
Ob er seyn herren dietrich
yendert vo ligen sehe
Oder den starcken rysen groß
Do saß er seynes herten roß
Mit seynem satel spehe
Es gieg hin schlieffe vm die baum.
Vnd suchet vo seyn weyde
Es het zertreten seynen zaum.
Geschach ym nye so leyde
Von Bern dem alten hiltprand.
Do er seins herten roß
Also ledig vo fand.

Owe sprach sich hiltprad myner ern
Vnd soll ich meynen lieben herren
Also die han verloren
Als von dem vngefügen man.
Ist das ich yn hie komme an
Weger het ers enboren.
O we dz mich got ye beschüff
Begund er laut zü rüffen.
Also manigen lauten rüff.
Von Bern dem künen stieffen
Von Bern lieber herre meyn.
Bist du noch bey dir selber.
Gib mir die antwurt dein.

¶ Er antwurt im vo nye kein wort
Der ryß das alles samen hort.
Lag hynder eym gefelle
Er luget durch die öste dar.
Er nam hiltprandes gar eben war.
Wers geren hören wölle
Dem sagt die abenteür das

Wie es im darnach gienge
Vnd vo er in dem walde was
Wie yn der ryß vo fienge.
Das wissen wol die leüte noch.
Vnd die das in den büchen
Geschryben finden doch

¶ Der ryß saß durch die öste dar.
Er nam hiltprandes eben war
Vnd schawt den alten greyssen
In welcher maß er wer eyn helt
Do sprach der ryß mir nit geselt
Mich reüt soll man dich preyssen
vnd das deyn lob so weyt soll gan.
Durch alle landt gekreysche
Zwar ich dirs nit vertragen kan.
Das du so streffeleyrße.
Also gest vor den augen meyn
Du müst mir auch hie gelten
Mein lieben ößem grein.

¶ Hie lieff der ryße den
hiltprand an.

¶ Die mir myn ößem han genöme
Der saß ich keynen von myr kömet
Was ich ir ye gesaße
Es müß yn an ir leben gan.
Hiltprand der vilküne man.
Der wist sein nit so naße.
Bald auff d starcke ryß do sprang
Mit seyner stehelin stangen
Die was zü güter maßen lange

c i

Er kam do mit gegangen
Auff hiltprand was um do zorn.
du kanst dich nit gehüten
deinen leyb hast du verlorn.

Do sprach hiltprad ich dein hie beyt
dan ich dir zwar do her nach reyt
Byn fro das ich dich hab funden.
Wiewol du hast abzelet mich
du müst mir von herr dieterich
sagen zu disen stunden
Sag an hast yn zu tod erschlagen
Oder hast yn gefangen.
das müst du myr gar bald sagen
Wie es whs yn ist gangen
Vmb den fursten so lobesam.
Seyd ich dich in dem wald.
Allhie nun fund en han

Do sprach der vngefuge man.
Gereyts wirst du von myr nit erlan
Vnd thetest duß nit geren
Ich gyb dir des die treue mein
Müst myr geben das leben deyn.
das wil ich dich geweren
das sprach der vngefuge man
Mich müst sere deyn beym suchen
Zu hiltpranden nun sage an
Wie tarst du das getrichen
das du mich meynst mit streyt besta
Ich gib dir des meyn treue.
Es witt dir nit wol gan

Hiltprad der sprach ich bin nit ache
Wye wol du hast ein grossen krache
Allhie an disen orten
Gereytes wirst vo myr nit erlan.
Seyd das ich dich hie funden han
du starcker rys mit worten
der rys der zuckt seyn stang hie mit
Vnd schlug bald auff den alten
do saumt sich hiltprand auch nit

Er bat do sein got walten.
Zagheit die was yn beyder teile.
Sy schlugen auff eynander
das sich das wylde feur.

Do yn do auff sprang in die lüffr.
Hiltprad der sprach dein grosser gifft
Wirt dir von myr zu sawre.
Von meyner sighafftigen hand
Also sprach meyster hiltprand
du vil grosser waltbaure
du hast mit gesprochen ob got wil
des fursten hast vergessen.
Vnd der myr krafft gybt also vil
dem rysen wart gemessen
Von hiltprunden do eynen schlag.
Vnd das er auff der beyde
Vor ym gestrecket lag.

Wye schlug hiltprad
den Rysen nyder.

Der rys bald weder auff sprangk.
Mit seyner flecklin stangen langt.
dye was so vngefuge.
darzu schneyd sy als eyn scharsack
hiltprand besorgt sich vngemach.
Wen er yn do myt schlüge
hiltprand den schylt zu handen nam
Als für die schlege so schwere
Er sprach zu dem rysen freyssam
Wo bast du den bernere.
Sag an hastu yn zu tod erschlagen.
Oder ist er deyn gefangner.

Das müſt du myr die ſagen   Was gegen dem eyn tant

Do ſprach der ryß ich dirs nit ſag
Mich müt ſeer dein herter ſchlag
Darzü haſt mich geſcholten
Ob ich dir von dem hertzen ſeye
Du hetteſt mirs für eyn zagheit
Wo man eer redten wolte
So ſprech gemeynlich yederman
Du hetteſt mich bezwungen.
Alſo ſprach der ryß ſo frayſſan
Wir yſt noch vngdungen
Es hebt ſich erſt meyn ſtreyten an
Ich hebt ſein ymmer ſchande
Solt ich mich zwingen lan.

Hiltprand der ſprach ſo walt ſein got.
Du magſt wol ſein des teüffels bot
Als du myr dort erſcheyneſt
Auß der helle her gelauffen
Du magſt ſein des teüffels kaufman
Ich weyß wie du es meyneſt
Du ligſt myr alſo grymme ob
Mit dein geſchwynden ſtreychen
Sy ſachten beyde wol nach lob
Herr Hiltprandes zeychen
Das was eyn güldin fare war.
do bey man auch den herren.
Gar weyt erkennet hat

Vnd do der ryß das zeichen ſach
zu meyſter Hiltprand er do ſprach.
Ich wil dir ab gewynnen
Das zeychen hie mit rechtem ſtreyt.
do antwurt im Hiltprand auß neyt
Büſt du die red auß ſynnen.
do waren ſy doch grym genüg
Dye künen degen beyde.
yeglicher auff den andern ſchlüg
Vnd das ſy auff der heyde
Geſtrecket lagen beyde ſampt
Was man ye ſagt von ſtreyten.

Auff ſprungen ſie do beyd zuſam
Man hort den alten Hiltprand
Sein waffen laut erklingen.
Vnd das was ſich freyſſan genant.
Do mit er manigen helm zertrant.
der ſchweyß begund auch dringen.
Dernyder durch des ryßen was.
Als zü den ſelben ſtunden
Vnd als es noch geſchryben ſtabt
Sy hetten beyde wunden.
Von rotem blüt waren ſy naß
do ſach man doch nye fechten
keyn alten ritter baß.

Der ryß der lieff yn aber an.
Vnd ſchlüg den er vnder küne man.
das er fiel auff den waſen
Das im der ſchylt zü ſtucken ſprang
Vnd im das rote blüt auß drang
Zü mund vnd auch zü naſen
Hilteprand im do gar wol gedacht
Bleybſt ligen du biſt tode
Auff ſo ſprang er do über macht
In alſo groſſer note.
Im dacht der alt held auſerkorn
War mit ſol ich mich friſten
den ſchylt hab ich verlorn.

Herr Hilteprand ſich wol beſann.
Er lieff zü den baumen bynan
Vnd entbielt ſich dar bynder.
Hynder die baum er ſich verbarg.
do vor dem groſſen ryſen ſtarck
der ryß ſchlüg noch geſchwinder
Groß ſchlege er nach Hilteprand thet
So gar mit gantzer ſtercken
Herr Hiltprand güt vernunfft do het
Wann er begund zü mercken
das ſich der ryß eyn ſchlag erholt.
So ſprang er auß den baumen

c iij.

¶ Also wych er ym manigen schlag
das tryb er schyer eynen halben tag
Der ryß mitten begunde
Wen sich d ryß bracht eynen streych
Herr Hiltprad auß den baumen weych
Do zu der selben stunden
Spiach sich der ryß mit ist gar leyd
das ich nit auff der weyte
dich voit hab auff der grünen beyde
So kund ich mir vil streyten.
Groß seckerheit ich an dir spür
Ich gib dir des meyn treue
Sy tregt dich nymmer für

¶ Und do der ryß ersaß den list
das er sich mit den baumen frist
Die stang warff er von handen
Er ralifft d baume do mir vä gnüg.
Eyn grosses bage er do schlüg
Vmb meyster hiltpranden.
das er sich nit met fristen kund
Er het vmb yn geschlagen
Der alte Hiltprand begund
Sich vnd seyn herren klagen
Er sprach edler fürst lobesam
Ich furcht ich muß die farte.
Die du vor hast getan.

¶ Weil er sich vn sein herren klage.
Do hebt der ryß den walt verhage
Wol ein halbe ackerstenge.
Vnd wo d Hiltprand wolt hyn gä
do was ein hag vmb yn gethan.
Der weg was im zu enge.
das mag vns wol zu schad kommē.
Spiach sich der degen reyche.
Wir fechten durch der welt frommē
Ich vnd meyn herr dietericke.
Vns müt des ryßen übermüt
Wann doch der groß vollande.

Hye schlüg der ryß ein hag
vmb den Hiltprand.

¶ Der ryß der saumet sich nit lange
Er schlüg Hiltpräden mit der stange
Das er do fiel enyder
Vnd seyn schwert fiel auß der hand
Von Bern dem alten Hiltprand
Der ryß der eylt bald wyder.
über die baum er sich do buckt
Vnd greyff ym in seyn barte.
Hiltpranten er gar bald auff zuckt
Do was Hiltprand der zarte
Do vor dem ryßen gar vnfro
Er trüg yn gar balde
Wol auff ein weyte do.

¶ Er warff yn nyder auff das kniet
Vnd sprach du alter Hiltprand
Ich wil dir von deim herren.
Warlich die rechten warheit sa gen.
Ich hab yn nit zu tod erschlagen.
Noch gesicht er Bern nie mer
Ich hab yn gelegt in ein thürn
Den magst du gar wol wissen.
dar innen geet manig wilder würm
Sy hand ab im gebyssen.
Er hat verlorn sein werdes leben
Ich wil dich auff mein treue.
Auch meynen würmen geben

Hiltprand gedacht in seynem mut
O herre got es wer wol gut
Er möcht noch vnuerdorben
Seyd er ye von den würmen seyn
O hymmelische künigin
sey er noch vnuerstürben
Ach milde muter reyne magt
sey es deyns kyndes wylle
Das sprach der degen vnuerzagt
Gar heymlich vnd gar stylle
so hilff doch vnser eym auß not
das wir von disem rysen
Nit beyd leyden den todt

Der rysz zu Hiltprand nyder sasz
Bysz das er zu im keme basz
Er nam zwen lange ryemen
do mit er ym hend vnd füß band
Von Bern den alten Hiltprand
der rysz begund yn nemen
Er greyff im in seyn barte lang
Nur mit der eynen hende
über eyn achsel er yn schwang
hyn gen des steynes wende
Trüg er den alten gar vnwerd
Vnd in der andern hende
sein stange vnd Hiltprands schwert.

Hie byndt der rysse Hilt-
prand alle fiere zusame

Hiltprand o klaget sich so hart
Rysz trag mich nit bey meynem bart

Dar du wilt mich todten.
Ich hab gestrytten manigen tag
Mit warheyt ich das sage mag
das ich zu solichen nöten
Byn vormals nye mer gekommen
Begund er klage harte
Ich byn vormals nye genommen
Bey meynem langen barte
O we das ich ye ward geborn.
Fede ichs gewisz zu Bern
Ich fede yn abe gescorn.

Wie tregt der rysz Hilt-
prandn bey den haren heym

Das du mich also woltest tragen
do sprach der rysz darfst myt nit sage.
Von deynem grossen kummer
Was deynem leyb thut so we.
das thu ich nun mit gerner me
Du dunckest mich eyn tummer
Sag an du alter greyser man.
warfür hast mich ersehen
Also sprach der rysz so grayssan.
dir ist gar recht geschehen.
Geschicht dir vesz von meyner hand
Hie mit so was er komme
Bisz zu des steynes wandt

Vnnd do trüg er den alten ein.
Mit im do in die kamer sein
warff yn vnrich do nyder.
Gar grossen schmertz do empfing.
c iij

Der ryß von hildepranden gieng
Doch kam er schyer hyn wider.
Er sucht zwen eysnen ring zůhand
Wolt yn darein han beschlossen
Von hern den alten hildeprand.
Den möcht wol han verdrossen
Nun hört wie im darnach geschach
Do yn der ryß ließ ligen
Diß kleynet er do sach

Er sach ein helffenbeynen schrein,
Do bey vil ander zierde sein
die kurtzten im die stunde
Und eyn vergülter greyffen kla
Der was auch gar koßlichen da
den satzt der ryß ann seynen munde
Wenn er der zwerg ein haben wolt
Ein horen er do schalte.
So kam yeglichs als es han solte
Wer recht iung oder alte
Spylten vor im zů aller zeyt
Mit rantzen und mit springen
Tryben sy wyderstreyt
¶ Die ließ der ryße hildepranden
ligen und gieng von im.

¶ Der berg also durchzieret was
Mit edlem gestein liecht als vz glaß
Was er gar wol umbstecket
Eyn pf. ker man auch darzů hede
der hieng do bey des ryßen bett
Des steines scheyn er decket
Und ren der ryß wolt haben nacht

Ließ man den pfecker nyder
Das er des steines scheyn vermacht,
man schwang im sein gefider
Und deckt yn als eyn fürsten zů
man wartet seyn gar schone.
Biß an den morgen frü

¶ So hůb man yn als eyn fürste uff
Als bald der ungefůge kauff
Seyn schlaff het aus gewartet.
Herr hildeprand sein selbs vergaß
Und do der berg so schone was
Und mynniglich durchzarter
Recht als das paradeyß gethan
Er dacht in seynen synnen
Ich thů recht als ein unrecht man
Schaden möcht ich gewynnen
Ist das er mich in eysen legt
Was hulff mich die schon zierde
Ich müße leyden arbeyt

¶ Hiltprand sůcht selbs so lang umb wär
Biß im auff gieng das eyne band
Das er gewan die hende
Do was er one massen fro
Er begund umb sich schen do
Dort in des steines wende
Er saß do seynes hertzen bůt,
In eyner kamer bangen
Herr hildeprand d' der mannes müe
Er kam darzů gegangen
Und legt bald an seins hertzen wat.
Auch seynes hertzen helme
den bandt er auff gar drat

¶ Er sprach hymelische künigin
Wie hast du mir die genade dein
So mildigklich gegeben.
Du hast geholffen myr aus not
Ich bit dich durch deins kindes tod
Frist myr noch die mein leben
Ob ich den ungefügen man

All die noch mocht betwingen.
Do kam der starck ryß so frayssan
Mit seynen eyßnen ringen
Vnd wolt yn darein han gefchmiet
Do halff im got von hymmel
Das es geschahe nit.

¶ Hie kam der ryß mit
zweyen eyßnen ringen

¶ Do yn der ryß gewapnet sach
Zu meyster hiltprand er do sprach.
Wer hat dir auff gethane
Albie die deynen güten bande
Do sprach sich meyster hiltprande
Wir wend eyn streyt erst hane
Albie in dißem boßen steyn
Vnnd der ye ward gefochten
Das wild früer von yn do scheyn
Sy theten was sie mochten
Vnd was yr ieder mocht volbringe
Man hört yr beyder schwerte
Do vor dem berg erklingen

¶ Do thetten sie eyn grossen schal
Vnd das es in dem berg erhal
Der ryß schlug von hiltpranden
mit seyne schwert eyn grossen schal
Der neben hiltpranden fiel
Den zuckt er mit den banden.
Vnd warff den ryßen uff den hüt
Das er do vmbe zwyrbet.
Recht als eyn müle rad do thut

Maniger der verbirget
Dem wurde eyn solich wurff getan
Des acht der ryße gar kleyne.
Er was also freyssan.

¶ Do schlugen sie eynander hart
Her hiltprand sich nye gespart
Sy kamen zu dem steyne
Darinnen hat dieterich lag
Vnd vngemesur sorgen pflag.
Jt fechten was nit kleyne
Jt schwertschlege also weyt erdoß
Das höret herr dietereyche.
Sein freüd was vnmassen groß
Er sprach got von hymelreyche.
Das ist hiltprand der meyster meyn
Jch hör es an den schlege.
Er wil die treüwe seyn

¶ Do strytte sie by dem thüren
Do der Berner innen lag

¶ An mit armen noch nit dre yen
Er globt mir er wolt mich rechen
Das er yetz schon bewarte
Darumb ist er eyn bydermann
Gar offt ich das empfunden hart
Do ich ye ward befchwerte
Er ist myr allweg kommen nach
Vnnd wartet meyn so schone.
So bitt ich got von hymmelrach
Durch seyn obersten throne
Das er myr meyn meyster beschüt
Des bitt ich got von hymel.

c iiij

Ther dieterich thet so laut rüff.
do auß dem holen stein so tieff
Bist du hilteprand mein meyster
durch got solt vn weren dich
Sy heuwen zůsamen neydigklich.
das die wylden galley stet
Zů im hynab in steyn do fieyn.
So gar on alle ons
Herr dieterich ruffet mer den zwier.
Ee das es hilteprande horte
des seynen lieben herren rüff.
Wol vor den starcken schlegen.
die im der ryse schuff

Do das hiltprand horen begann
Vnnd das der fürst so lobesam
Noch dennoch het das leben
do was er auß der massen fro
Er wart zů beyden henden do
Sein schwert fassen gar eben
Er schlůg den vngefügen man
Gar fast hyn zů den fussen
do sprach der degen wunnesam
Warlich du must myr büssen
das du meyn herren gefangen hast.
Ich treuwe got von hymmel.
das du mir nit entgast

Do sprach der vngefügeman
der: got dir nit gehelffen kan.
Sein krafft ist gen mir kleyne
In meynem eygnen hause hie
Was mir der selben wyder gie.
Wölst ich yn allen keine.
So gib ich dir sein auch genůg
Mich můet dein widerkallen.
der ryß hilprenden nyder schlůg
do in dem selben fallen
Hiltprand yn vnden auff do stach.
Also ein tieffe wunden

Hie schlůg der ryse hildeprande
nyder vnd stack hilteprand den ryße

Der ryß do von der schwerte spitz.
die weyl wolt im werden zů lang
Herr hilteprand kam auff wyder
hilteprand der edel ritter gůt.
Sich vor dem ryßen baß behůt.
Er schlůg yn nit mer nyder
Es wart den vngefügen man
Sein wunden erst do schmertzen
Die im der Berner het gethan.
Im was von gantzem hertzen.
do auff den alten hilteprand zort
Do sprach sich der groß ryse
Ich het das wol verschworn

Das du ledig werst gewesen.
Ich meynt ich wete vor dir genesen
So ich dich het gebunden
Vnd dich also do ligen ließ
Wer dir dein gůte bande auff ließ
In also kurtzen stunden
Ich meint ich het dir beyne gelyd
zertretten vnnd zerbunden
Das ich solt vor dir haben frid
Warlich mich reůt zů stunden
Do ich dich im wald gefangen het
das ich dich nit verderbet.
Gleych an der selben stat.

Do sprach sich meyster Hiltebrand
du starcker ryß vnd auch volland
Nun ist es doch beschehen
Du treybest mit mir deynen spot
Noch hat mir auß geholffen got
Ich hoff ich woll noch sehen
War offt vnd dick bern vnd dz land
So müst du bie ersterben
Do schlug der ryß dem Hiltebrand
Eynen vil grossen scherben
Do auß dem festen helme seyn
Man hette in den schrote
Eyn hant gelegt darein

Do wolt ich klim an euch begân
das sprach der vngefüge man
Kumpt mir zu grossem schaden
Das ich euch trug den würmê heime
Ich warde nye mit helden zweyen
Also sere vberladê
Dein herr der bet mich naß verbrant
der teüffel auß im glüte
Biß das ich mit den list erfande
der kam mir noch zu güte
Mit ryngen ich den held bezwang
Also muß dir geschehen
Wilt du es treyben lang

Hiltebrad erschrack es thet im not
das im der ryß her thôn eyn schrott
Auß seym helme so gůten
Grössers schadens er do nun forcht
Erst wart streyttes werck geworcht
Vor zorn sie do wütten
Die krafft die sy hetten verloren
wurden sy beyd erst suchen
Do sprach der ryß vß grymmê zorn
Begund im selber fluchen
Ist wol was mir von dir wirt tan
So ich dich het gebunden
Solt ich dich tötet han

Do wolte ich dich fürchten nicht
Ist wol was mir von dir beschicht
Er zerspiele do hebende
Mit seinê schwert ein grossen stein
Ir beyder krafft die was nit kleyn
Hinder das selbig ende
Hiltebrand sich gar fast verbarck
hinder des steynes schrofen
Do vor dem grossen ryssen starck
was grosser dar ein ofen
den stein er zu drey stucken spiele
Herr Hiltebrand der alte
Dat hynder sich entfiele

Hie zerspielt der ryße
eynen grossen steyn.

Hiltebrand der was wol zu müte
Er schreye im in seyn rock so gůt
Vnd durch sein gůr geschmeyde
Das es im für die füß do hieng
Vnnd im das blůt von henden gieng
Hiltebrand der was gescheyde
Er nam der alten wunden war
die im seyn herr het geschloten
Er büß sich schnelligklichen gar
Zu dem ryß Sigenoten
Stach im do viel der wunden tieff
das im das blůt eyn klaffter
Gegen den henden lieff

Der ryß noch Hiltebranden schlug
Eyn steyn es alles abe trug.

Zegund der ryß fast klagen
Herr hiltprand her für kolsprang.
Sein schwert fast auff die ryse klag
Von irem grossen schlagen.
Wart in dem berg recht als ein wind
Als kem eyn ungewytter
Sy kluwen tzusamen geschwinde.
Vnnd waren beyd gar bytter
Sye ketten degen breit genug
Herr hiltprand der alte.
Den ryßen aber schllug.

¶ Er traff der alten wunden eyn.
Der ryß der mochte das doch keyn.
Lenge mit mer getreyben.
Do tryben sye einander dar
Hiltprand nam des ryßen gutwar.
Er ließ yn nit beleyben
Sein schwert er do fassen begann.
Hiltprand der vil gute.
Er schlug den ungefugen man.
Das er lag in dem blute.
Vor dem fursten gar ungemut.
Er schlug im abe sein haubte
der edel ritter gut.

¶ Hie schlug hiltprandt dem
ryßen das haubt abe.

¶ Do er den syg an im gewan
Hiltprand der hub sich bald von dan
Gegen dem holen steyne
Do herr dieterich innen lag.

Vnnd do gar grosser sorgen pflag
Von den wurmen vnreyne.
Der schmack der thet im also we
Dem alten hiltprande.
Noch leyd herr dieterich dannoch me
Hiltprandt das wol erkante
Des seynen herren vngemach
Des im do von den wurmen.
Zu leyd gar vil geschach

¶ Gar laut rufft meyster hiltprand
Wo bistu von Bern eyn weygand
Ich fragt geren der mere.
Wie du doher warest kommen.
Bett ich geren von dir vernommen.
Geren wist ich wie im were.
Wo betrit du deynen synn gethan
Du reyst alleyne auß Bern
Vnnd hettest manigen bydermann
Dye mit dir ryten geren
Tu hast burckleben bie geholt.
Dir ist gar recht beschehen.
Als eym der nit volgen wolt

¶ So du nit hast gefolget myr
Des scheyd ich mich yetzund von dir
Vnnd laß dich hie alleyne
Des antwurt do herr dieterich.
Hiltprand dem edeln fursten teych
Treff auß dem holen steyne
Es misseging mir in dem than
Mit den vil grossen sturmen.
Darumb ich yetzund leyden han
Bye von den grossen wurmen.
Nun beut du myr die hilffe dein.
Ich wil dir ymmer dancken.
Biß auff das ende meyn.

¶ Des antwurt im do hiltprand
Von Bern dem fursten hoch genant
das thet ich also geren.
Wisset ich nur wo oder wie.

Das mich dz yemants wissen ließ
do sprach der vogt von Bern
Vnd wilt du volgen meynem rat
So kum ich auß glaub mir.
Das es mir nymmer misse gat
den rat den gyb ich dir.
Das du erschneydest all dein gewäd
Vnd an eynander strickest
Mir bierest in meyn bande

¶ Dô verschneyd Hiltprand seyn
kleyder vnd stricket sy an eynander.

Dlepr d ʒ sprach vn dʒ miß seyn.
Me willen lieber Berne mein
Ich thü es also gerne
Er schneyd bald alles seyn gewand
Strickt es an eynander züsand,
Als durch den vogt von Bern
Er ließ uns in thüren hynein
Das empfieng er gar schone.
Nun zeuch auff lieber meyster meyd
Das dir got ymmer lone
das seyl zü zweyen stücken brach
Hiltprand erschrack gar sere
Do er den fall ersach

¶ Leyds vormals ym nie geschach
Als do er disen fall ersach
An seynem lieben Berne.
Er sprach das ich ye ward geboren
Soll ich meyn Berne han verloren
Meyn fraid wil ich verkeren

Das was seyne hertzen klage groß,
Vnd klagt es so klieglichen
Er gab im selber manigen stoß
Den keld so kreissiglichen.
Die klag erhört er in dem stein
Do sprach der vogt von Bern
Meyster zeyt wider seyn

¶ Item ich schon in diser pflicht.
So möcht ich doch genesen nicht.
Des übergrossen falk.
Nun hebe dich bald ab den weg
Warn du bist in des ryßen pfleg.
Er kumbt zühande mit schnelle
Got danck dir du bist williglich
kommen durch mich zü steyren
Auff meyn tritt vn ergreyfft er dich
Er lest dich nymmer reyten.
Darumb meyster zeyt heim zühang
Ich befilch dir meyn brüder
Dietmar vnd all meyn land

Die nam Hiltprand eynen
zwerg bey dein bart.

¶ Do gieng Hiltprand vmb in dē berg
Er fand do schlaffen eynen zwerg
Den nam er bey dem barte.
Vnd do yn der zwerg anne sach
Zü meyster Hiltprand er do sprach
Vnd klaget sich so harte.
Wassen wer hat myr do gethan
Das nymbt mich ymmer willder

Welcher mag mich erwecket han
Das ich byn worden munder
Zwar er mich hart gerauffet hat
do sprach Hilteprand der alte
Dein leben an myr stat

¶ Vnd wilt du lenger han dein leb
So müst du myr den lere geben
Wie den vogt von Berne.
Erlöß der hie gefangen seyt
do sprach das zwerglin zu der zeyt
Ich weyß eyn leytter schwere.
Sagend wie ist eür herr genant
das wist ich also gerne
Do sprach sich meyster Hilteprand
Er ist der vogt von Bern
do sprach sich das kleyne zwerg
Wie kam meyn lieber herre.
In dißen holen berg

¶ Das wist ich gern wo oder wie
Ob ir mich das lieft wissen bis
Also sprach der kleyne zwerge
Herr ich fragt eüch so gerne mer
Vnd wolt es eüch nit wesen schwer
Wenn kam er in den berge
Saget myr wie es vmb yn stat
do antwurd im der alte
Es leyder kummerlichen gat
Meyn herr ligt mit gewalte
Er ist gelegt in eynen steyn
Seyd got die welt beschüff
Nye keyn liecht darein scheyn.

¶ Do antwurt im der kleyne man.
Hilteprand dem fursten lobesam
Ich weyß eyn leytter schwere
Vnd die vor meynes herren was
Fürwar solt ir wissen das
Sy thut eüch styr verkeren
Vnd geet gar hynab in den berg
Ist auch von letzt seste

Sy hat gewurckt eyn löblich zwerg
Darumb ist sy die beste.
Es nam Hilteprand den bey rc. handt
Vnd fürt yn also balde.
Do er die leytter fand.

Hie zeygt der zwerg dem
Hilteprand eyn leytter.

¶ Als bald Hilteprad die leytter sach
Der schn vnd was seyn vngemach
Er nam sy do alleyne.
On not möcht ers nit tragen han
Do hub sich Hilteprand von dann
Gegen dem holen steyne
do herr Dietrich innen lag.
In grossen sorgen gefangen
Er halff im heraus an dem tag.
Mit der leytter so langen
Von Bern lieber herre meyn.
sprach Hilteprand der alte
Nembt die leytter byneyn

¶ Do er der leytter ward gewar
Er hub sich schnelliglichen dar
Vnd frewet sich von hertzen
do er do aus dem thüren gieng
Hilteprand yn do gar schon empfieg
Vergangen was sein schmertzen
Hilteprand aber beur begert
Er sprach mein lieber herre.
seyd ir stryttes noch nit gewert
Eüch was freude gar serre.

Do sprach sich dz zwei glin gleych
Seyt got wilkom auß sorgen
Von bern herr Dieterich

Hie steygt der Berner uß dem thurn

Got lon dir sprach herr Dieterich
Seyd das du hast erlöset mich
Ich sprich bey meynen hulden
Und byn dir auß der massen hold
Ich gib dir silber vnd auch gold.
hast mich erlöst von schulden
Des soll ich ymmer dancken dir
Wo du es an mich suchest
Und das solt du gelauben mir
Das du mich des gerüchest
Vrlaub so nam do der zwerg
Und kert sich vmb vil balde
Do wider in den berg

Hiltprand sprach lieber herre mein
sy sagend als lieb ich euch mag sein.
Wie bad er euch gefangen
herr dieterich zů hiltprand sprach
Eyn baum er auß der erden brach.
Und kam do mit gegangen.
So gar mit schlügen manigfalt
Schlüg er mich vmb die oren
Darfür set ich keyn auffenthalt
Er macht mich zů eynem toren.
Ich bas erlyden vngemach.
Das solt du myr gelauben.
Hiltprand der lacht vnd sprach

Bey meynem bart er mich auch sieg
Do er mit myt vom walde gieng
Gegen dein holen steyne
Ju meynem bart lag im seyn hand
Also sprach meyster hiltprand
Er trug mich mit ym heyme.
Mein bart erlaußet er myt bas
Als ob ich were eyn dyebe
Und das ich alles das vergaß.
Das mir ye geschach zů liebe
Er hedt mich jenster wol getragen.
Nun lassen wir yn lygen.
Zů tod hab ich yn geschlagen

Hye reyt der Berner vnd der Hiltprand wider heym

Sy traten zů den rossen an.
Auff sassen die zwen küne man
Und ryten beym gen Beren
Do wurden sy empfangen wol
Als man den fursten billich sol
Man sach sy auch gar geren
Do klagten sich die herren hart.
Was sy hedten erlydten
Do von dem Ryfen auff der fart
Wie sy hedten gestryten
Dar von sagten sy frü vnd spat
Hye mit wil ichs beschlußen
Das lied eyn ennde hat.

Gedruckt zů Heydelberg
von Heinrico Knobloch/
zum.Anno M.CCCC.XC

Je vor eyner
zeyt hat eyn
mã die gewõ
heit/dz er alle
tage vnser lie
ben frawe ma
cht ein krantz
von rosen od
võ blümẽ od was er dan zů den czey
ten gehabẽ mocht. d̕ selb gab sich in
eine orde do mz er ein leybrüd in. do
ward im so vil zů thůn das er vnser
frawẽ iren krãtz nit noch seiner gewõ
heit alle tage gemachẽ kůnd. dz ward
er so betrübet dz er wid̕ auß dẽ orden
wolt sein. Des ward ein altuatter in/
nen vñ forschet yn was im were. der
brůd̕ klagt im sein kůmer. Do sprach
d̕ altuater zů im. Du solt nit trauren
ich wil dich leren vnser liebẽ frawen
alle tage machẽ eynẽ rosen krãtz d̕ ir
lieber ist dẽ ob du ir alle die blůmen
gebst die vff erdẽ seint. Vñ keret yn. l.
Aue maria sprechen für einen rosen
krantz. Do ward d̕ brüder fro. vnd be
tet also den rosen krantz alle tage.

Jnes tages reyt er auß võ
des closters wegen. Do kam
er in eynẽ wald vñ gedacht
an seyne rosen krãtz dz er yn
noch nit gebetet het. Do saß er ab vñ
betet vnser liebe frawẽ dẽ rosenkrãtz
vff seyne knyen. Da warent die mör
der da die yn wolten gemört han. vñ
sahent wie dz ein schöne iugfraw für
im stůd vñ hat ein schön in d̕ hand̕
do ward ein krentzlin vff machet. vñ als
dick er ein Aue maria betet. so nã sye
im ein rose vß dẽ múde vñ band dye
vff die schöne biß dz d̕ krãtz vol ward
Do nã sy den krantz vñ satzt yn vff ir
haubt. vñ für hynweg dz sy die mör
der nyemer mochten geseben. vñ der

brüder kundt sie nit geseben. Do ka/
nicht die mörder nabet zů im gange.
vñ fragten yn wz er do bet getan. Do
vernomtẽt sie erst dz die müter gotes
do bei im wer gewesen vñ iten krãtz
bey im geholt bet. vñ thetẽ im nichtz.

Auch so ist zů Trier gewesen eyn
doctor d̕ ein kartüser was. d̕ selb bat
geseben im geyst. wie das vnser liebe
fraw kã für got mit all: iugfrawen
matter beychtet vñ andern beyligẽ.
vñ stundent für got vñ sunge dẽ ro
sen krãtz. vñ batten für dz menschẽ das
den rosen krãtz gebetet bat. Do wart
dez selbẽ menschen ein schöner stůl
gesetzet vñ bat an d̕ rosen gebencket
wart. als dick sye eyn Aue maria an
bükent zů singen. so neyget sich alle
bymelische bete. on vnser frawe nit.
wenn sie dz wortlin sungen Aue ma/
ria. vñ wenn sie dz wortlin sungent ie
sus Cristus amen. so neyg sich alles
bymelische bere mit ir. got zů lobe vñ
zů eren. Man list auch vil ãd̕ büß/
schet exempel võ dem rosen krãtz. dz
yetz vmb d̕ kürtz willen vnd̕wegen
g̕grüsset si. ast belybẽ.
gest bu maria vol genadẽn.
Der herr ist mit dir. Du büst ge
segnet. ob allen frawen. geseguet ist
dein frucht. Deins leibs. iħus ꝗpüs. a.

Dẽ du reyne küsche magt en
pfingst võ dez beyligen geist
Jesus cristus Amen Do der
empfangen wait do gienst bu zů ely/
zabeth deyner lieben mümen. Jesus
ꝗpüs. Den du geboren hest in allen
freuden on alles wee. vñ aller reyn
ste iugfraw belibest. Jesus christus.
Den du zů stůden ane betest als got
beynen schöpffer. Jesus ꝗpüs. Den
du in ein tüchlin wundelst vñ yn ley
test in ein kryplin. Jesus ꝗpüs. Den

du mit deinen magtlichen brusté sog
test vñ ernertest. Jesus xpus. Dem
die heyligé engel den lobsang sungét
Ere sey got in der höhe Jesus xpus
Den die hirten zu Bethleem suchten
vñ yn in der krippen funden. Jesus
xpus. Der an dé achté tag beschnyt
te ward vñ iesus genát. Jesus xpus
Dem die heyligé drey künig opfferté
gold. myrren. vñ wyrouch Jesus cri
stus. Dé du in dé tépel opfferrest got
seiné hymelisché vatter. Jhus xpus
Dé du flöchnest in egypté laud vor
herodes. Jhus xpus. Mit dé du wi/
der heim kompst über sibé iar. Jhus
Dé du in dé. vñ. iar verlóst vñ in dé
tépel wid fundest. Jhus xpus Den
du vö arbeit deiner hendé leiplich er
nertest. Jhus xpus. Dé sant iohás
töffte in dé iordan. Jesus xpus. Dé
sathanas versiicht in d wüste vñ yn
nit überwät. Jesus. Der mit seynen
jügern dz reych der hymeln bar geb
diget. Jhus. Der die blinden vñ di/
lame vñ allerley siechen gesut mache
Jesus. Der lazaris vñ vil and todté
erquicket Jesus. Des süß maria ma
gdalena wüsch mit iren heissen tre/
hen iesus cri. Der an dem palmtag
gen Bierusalez in reyt vñ do mit gro
ßer ere enpfügen ward. ihus. Der sey
nen heyligen fronleichná gab seinen
lieben jügern. ihus. Der in dem gar
ten blütigen schweyß schwitzer. ihus
Der sich mit willen gab in die hend
seiner feind. Jhesus. Der do gefürt
verbunden vñ verclaffet warde vor
Annas. Cayphas. vñ Pylato. iesus.
Der verbunden verspürret verspot/
tet vnd geschlagen ward. iesus. Der
an eyn siül gebunden gegeyßelt vñ
hertiglich geschlagen warde. iesus
Der mit scharpffen dornen gekrönt
warde. Jesus. Der in purper vnd in

am weissen kleyd verspottet warde.
ihus. Der eins schemlichen todes ver
urteile ward. ihus. Der sein schweres
krütz trüg auff seynem götlichen hei
ligen rücken. iesus. Der mit henden
vñ mit füßen an das kreütz genegelt
ward. iesus. Der für san feiendt bat
seynen hymelischen vatter. iesus cri
stus. der dem schecher zu d rechté hät
gelobt vñ gab im dz paradyß. Jhus
xpus. der seyn liebe müter befalh sey
nem liebsten junger iohánisen. Jhe/
sus xpus. der do rüfft hely hely lama
zabathani. Mein got mein got wye
hast du mich gelassen. Aue maria. d
do sprach mich törstet vnd wart ge/
trencket mit essig vñ mit gallé. Jhus
xpus. der do sprach vater in dein hen
de besielich meyné geist. Aue maria
der do starb eins bittern todes vnd
mit grosser matter für vñ sundigé
menschen got zu lobe. Jesus. vñ seyn
seyten wart auff gestochen mit eyné
speer. Aue. vñ der seyten floß wasser
vñ blüt. Aue. der vö güten mensché
begraben ward. Aue ma. der am drit
ten tag wider auff erstünd von dem
rode. Aue ma. der uff für zu hymmel
Aue ma. der do sant seynen liebé ui/
gern den heyligen geyst. Aue. der zu
künfftig ist zu vrteilen über die lebé
digen vnd die todten. Aue. der seyn
liebe müter hat auff zu hymel geno
men vnd gesetze zu der rechten hand
seines hymlischen vaters. Jhus cri.

  V unbefleckte vnd inwendig
b gesegnete sundbare vñ über/
trefflichste jungfraw gotes ge
bererin maria. aller guemster tempel
gotes ein thür deß hymelischen richs
neige die oren diner mildikeit zu mi
né vnwirdige gebet. dz du myr armé
ellendé sund frest ein milte helfferin
vñ beschirmerin in allé mynen nöte